关 注 青 春 ， 跨 越

阅读成长的摇篮

代　沟　，　探　讨　人　生　。

江富军　著

ZHEJIANG UNIVERSITY PRESS
浙江大学出版社

前　言

　　我看到读书的少男少女就高兴，不管他们是不是我的学生。在书店，在图书馆，我看到他们在书架前静静地选书，就有一种美感。那天在高铁车厢里看到一个小伙子手捧着柏杨的《丑陋的中国人》在阅读，我感觉这个中国人可爱极了。

　　也许是我自作多情，也许是我好为人师，然而我从教三十五年，总有些话要说，总有些偏爱读书人。长期的教育工作以及现在进行的阅读推荐、指导工作，都是直接接触青少年内心世界的。回首自己的教育生涯，体会同学们的酸甜苦辣与价值追求、逆反心态与自卑自傲，以及面对成人世界的憧憬与胆怯，如一幅幅图画掠过。一个过来人沉浸于此，总会有些感悟。七年来，我在编写阅读推广材料《汗牛栋活页》过程中，在指导中学生读书活动中，渐渐形成了"阅读是成长的摇篮"这个主题，本书就围绕该主题展开。

　　阅读立心，书籍引领青少年成长，阅读给成长提供滋补。

　　阅读是人类特有的智慧活动，好奇是人的天性，人生的价值在于探索。阅读解释好奇，解释生活中的困惑迷茫。青少年阅读给自己找到目标，为探索铺路，为自己的人生作知识能力与精神上的储备，也就是借他人的、前人的经验来指导自己的成长与成功。从这个角度上讲，人生就是在阅读指导下不断探索的过程。探索是个性化的，阅读能使自己不随波逐流，能培养独立的精神。新课程的选课走班，新高考方案强调尊重差异，都是个性化的导向。

立志是成长的重要内容。成长道路上难免有些矛盾，立志有些空，不立志有些俗。其实更多的是误将高官厚禄作为志向，以物质作为志向。人不可无志，从自食其力，到造福一方，再到兼济天下，充满了选择。年轻人有志向不是坏事，有志青年才能够克服种种诱惑，健康成长。青少年处于多梦的季节，教师、书籍是导梦者，可别让同学们梦深缘浅。起码要选择做一个有用的人，把志向与职业结合起来思考，让立志落实到成长的具体内容当中。

成长与阅读的七个视角中，工商视角是我们需要特意关注与思考的。对"无商不奸"的误解，构成了理论上反对奸、而在实际上不能不奸的道德尴尬。道德一直在利义之间矛盾着，同学们在学校教育提倡的利他观点与社会上大量的利己价值之间徘徊着。我们也不回避成长中的矛盾，要让青少年正确认识工商，认识人际关系。尽管此处是引入问题，一己之说，但构成思考总比盲目矛盾有价值。

原来打算把七年来的《汗牛栋活页》精选成册提供给同学们，后来不满足于此，从阅读理念、阅读与成长、阅读方式三部分加以整理，整个过程以自己的体验为线，把这几年的工作与思考捋了一遍，重新叙述。全书有理论探索，也有操作实践；有阅读观点，也有读书故事；有教师的指导意见，也有同学的实际感悟。这是一盆拼盘菜，一本从青少年实际出发的心灵读物，至少是启发中学生作文思路的个性化材料。

写作是辛苦活儿，也是遗憾活儿。由于是平时的散篇汇集起来进行的整理，难免有些重复交叉，为了文意连贯、篇章完整而未加修改。我倒认为，撰写过程中，与其面面俱到，四平八稳，不如我写我心，真诚诉说。尤其是写到"成长与阅读视角"部分，比如哲理视角、文学视角、历史视角、科学视角等，这些庞大的话题无法避开又难以把握，就写成了自己的阅读感受。与其理论上空泛不力，不如经验来得实在，或许私人记录更能给人启示。此外，许多所谓的理论，也多少带有经验的痕迹。

我还建议，语文教师、班主任应当推荐、编选读物，并针对学生的精神空间，寻找符合自己学生深浅度、兴趣范围的阅读材料，也拿出自己感兴趣的内容给同学，以便更好地发挥自己的优势，引导同学。而同学们也要为自己编选读物，互相推荐，形成阅读书单、篇目。

阅读是缘分，以书会友，读书、荐书便是结缘。书籍是结缘的工具，你能翻到这本书，就是我们的缘分。

一个老人听见钟声，好像远方在呼唤。我们老了，行将谢幕。看到这些少男少女，正面对着一个陌生的世界，好像一位位远方的来客,迷茫、徘徊、纠结,他们在思考人生。

我们这些过来人,能给予什么?

鲁迅说:"他们应当有新的生活,为我们所未经生活过的。"

朋友们,捧起书吧,拥抱新生活。

阅读理念

永远的好奇，永恒的探索

阅读与成长

因你，我走向远方

阅读方式
积累、交流、记录

延伸阅读

永远的好奇，永恒的探索

什么叫阅读

什么叫阅读？如果记者拿这个问题问路人，得到的回答可能是，阅读就是读书。好像问大妈什么叫锻炼，大妈说锻炼就是跳广场舞。那么，看到写在墙上的标语是不是阅读？电子屏幕上的文字广告算不算阅读？路牌算不算阅读？

笔者查阅了有关资料，找到了以下定义。

《中国大百科全书·教育学卷》："阅读是从写的或印的语言符号中取得意义的心理过程，阅读也是一种基本的智力技能，它是由系列的过程和行为构成的总和。"《朗文当代英语词典》："阅读是理解书写字词活动的技能。"《麦克米兰英语词典》："阅读是一个人识别写的印的文字并理解其意义的过程。"《世界网络英语字典》："阅读是感知、认识、理解书写语言信息的过程。"

美国作家莫提默在他的《如何阅读一本书》中说："这里所谓'阅读的人'（readers），是指那些今天仍然习惯于从书写文字中汲取大量资讯,以增进对世界了解的人。"

综合以上定义,笔者认为,阅读是以书面语言符号为载体获取意义信息的思维活动。

"书面语言符号"相对于口头语言,是文字和意义的结合体。语言靠文字记录、流传。有许多口头语言找不到对应的文字,有许多民族有口头语言没有文字。好多方言,读音不同,所用文字相同。书面语言传播范围广,时间久,而口头传播则不属于狭义的阅读范围。

阅读是从视觉接收信息的,包括书写印刷文字、屏幕文字等。语言符号既是思维的工具,也是交际的工具。语言符号最先给人印象、感知,而阅读到的信息已经有了意义,产生了概念、判断。没有获取意义,只停留在符号印象状态,至多是视觉后像,不是阅读。比如驾车时看到了"上海"的路牌,获取了"这条路通往上海"的思维信息,这是一个判断。尽管是瞬间的"直觉判断",但形成了意义,是阅读。如果当时看到"上海"路牌而没引起判断,再驶过一段路,发现错了,往杭州方向驶了,这时才回忆起刚才好像看到过"上海"的路牌。此时,原来看到的"上海"路牌仅仅是符号印象,是一瞥过后的后像,只有心理感觉,没有思维活动,只有这时后像重新出现于脑际,获取了"这条路通往上海"的意义,才是阅读。这好像我们看书时思想走神,文字在我们眼前一排排,而脑中因走神而空白,等突然明白走神了,再回读文字,意义才出现,此时才回归阅读状态。

另一种现象是只面对书面文字而排斥意义,这也不是阅读状态。如面对街头大量广告,我们不想接收信息,不想知道其意义,在心理上有意回避,否则脑力负担不了,广告、店名便如浮光掠影。许多厌学者对文字视而不见,其实并非不见,而是排斥意义,内心拒绝。

因语言太深奥或不适应而完全不能了解意义的,属于没有阅读能力,因而也不是阅读。如幼儿读文言文,英语盲读英文。有人形容读哲学名著像读天书,天机太深而解读不出,也属此范畴。

获取是一种主动行为。图像如绘画、雕塑、摄影是以线条、形状、色彩等为载体传播信息的,图像传播既直观又感性。语言是思维的符号、工具,最简约、抽象,需要读者主动转码、"翻译"才能得到信息。同时,语言材料能传达理性的、复杂的信息,因此,阅读更需要读者主动参与。换句话说,越是理性抽象的内容,越需要语言支撑,对主动性要求就越高。人们可以一边干活一边看电视剧,视觉冲击本身吸引了人的注意力。直观的、直接的生活内容使我们轻松地接受信息,3D、4D电影就是这种最逼真的触觉冲击,想让人分散注意力都困难。但语言是间接的,阅读必须让主体开动脑筋转码、"翻译",如果不进行转码、"翻译",眼前大量的文字符号就是一堆碎片。所以,阅读比看电影更容易"视而不见"。

获取这种主动行为的高级境界是钻研,阅读中的钻研就是通过语言符号努力再现、发现甚至是"表现"意义的过程。再现是按作者意思重现,是理解性阅读;发现是指发现作者自己没有想到的意义;"表现"是读者按自己的意思转嫁意义,后两者是创造性阅读。

阅读是思维活动,视觉后像、图像记忆对阅读起很大的作用。感知能力强、视域宽也容易有整体效果,给获取意义添上翅膀。有许多人背书,凭着视觉后像产生的临时记忆进行强化背诵。视觉后像、图像记忆可以说是纸质书籍阅读稳定性强的特点。不管电子书籍怎样发达,纸质书籍总让人更静心、更有效地阅读。同样,一幅书法作品挂在墙上,我们能静心欣赏,慢慢领会其微妙之处,而屏幕总给人临时的、不安的感觉。

这一现象有效地注释了行为学派关于语言习得的理论。他们认为,语言反复强化才成为我们的思维工具,极端的斯金纳把意义也排斥在语言现象之外。而认知学派反之,皮亚杰认为一个人与生俱来就具有广泛的认知能力。认知能力使儿童从客观世界得到各种概念,再用语言把这些概念组合。换个说法,在学习过程中,是先有符号再寻找具体意义,还是先有具体意义再概括成符号?实在难以厘清。刺激反应学派与认知理论学派是西方主要的两大相对的学习过程理论,给我们阅读以重要启示。两者可分别延伸出以感知感受为主的朗读和以思维理解为主的默读,形成重视背诵进行教化与重视理智感悟达到认知的两种语言学习路径。

阅读的工具:自由丰富的语言

宗白华在《美学散步》中说:"在西方雕塑里,拉奥孔父子三人被蛇缠住,紧咬牙,表情是平静的,而史诗中的拉奥孔是因痛苦而狂吼的。"

雕塑是视觉艺术,扭曲的面部带给人视觉上的厌恶,缩小痛苦表情能给人美的感受。真与美之间的矛盾,在雕塑中难以调和。视觉艺术难免要迁就人们的唯美倾向,以愉快心理。

同样,作为视觉艺术的影视,多的是帅哥美女,以提高收视率。比如,当今流行的间谍片,一个个美女特工,集美貌、智慧、胆魄、机警于一体,吸引人们的眼球,获取收视率、点击率。实际上,特工更需要相貌平常,引不起人们的注意,最不能要的恰恰是美女帅哥。在影视中美点要高,不美不过瘾。这或许是影视更有魅力、更加大众化的原因所在。

背离真实,渐行渐远,是影视唯美的必由之路。

而在语言艺术中,就没有这种困扰。生活中,小说中,会有好多相貌平常，甚至丑陋的人物，其心态、其内心世界或许更加丰富多彩，影视表达内心世界永远是一个遗憾。语言艺术就少有这个遗憾，它表现内容丰富，表现面宽，可以向更多的领域表达。《巴黎圣母院》中敲钟人加西莫多就是此类成功的形象，外形与内心不协调，反而使人们更加喜爱这部作品。作家严歌苓说她要把小说写成无法拍成电影的，道理可能在此。广阔的精神空间往往由内心世界组成，它是文学的主体。

西方评论家布瓦罗在他的《论诗艺》中说："精妙的笔墨能用引人入胜的妙技，把最怕人的东西变成可爱有趣。"在语言艺术中，血雨腥风、血流成河，这些都不会太令人反胃；而在影视作品中，血流如注就让人无法直视，杀头剥皮的暴力残忍场面更是无法突显。

语言艺术最自由。

语言是思维工具，是人类最重要的交际工具，是人类形成和表达思想最自由丰富的手段，也是人类社会最广泛的信息载体。尽管语言与思维的关系有等同、内外、大小、先后等说法，但思维的结果必须用语言传达。书面语言更是阅读的工具，成为保存和传递人类文明成果的主要载体。

写作、阅读，就是用最丰富的书面语言表达方式传递和获取信息。

数学符号、逻辑语言最抽象。

如上节所述，获取语言信息需要主动，需要主体投入才能得到信息。有些人嫌语言啰嗦,不像数学符号般抽象、简洁,又不像图像视频般直观。

抽象与提要都是思维明晰简化的追求,数学符号已经抽象到基本不需要返回具体就能运行。如 5+3,教小学生时要说 5 个人加 3 个人,而我们没有必要说明是 5 支笔加 3 支笔,还是 5 个指头加上 3 个指头,就能马上反映出 8,若填充具体内容反而显得啰嗦。康德说:"逻辑被看作一切其他科学的基础和一切知性使用的入门。它之所以能够如此,是因为它完全抽去了一切对象。"一部分语言符号如数学符号般,是高度抽象的、逻辑的;而另一部分必须由思维主体唤起图像的、具体的事物,后者如果不反映出具体内容,阅读就没有完成。数学符号已经独立于具体,语言符号则更多地需要在具体中才有活力。

数学符号是最自由的、最不拘泥于具体的一种语言符号。与逻辑语言一样,越抽象越自由。标志、商标从具体抽象出来,而实物是最具体的、最直观的传递,也是最"笨重"的,影视作品更多的是实物信息给人的形象思维,连环画就是运用这个原理辅助儿童阅读的。

数学与哲学一样,是最具智慧美的学问,逻辑含量最大。以数学课与语文课比较为例,面对一堂数学课,如果 10 分钟走神再回过来,思维就接不上了。哲学课也有相同的情况。而语文课半堂没听,下面还可以听懂。数学,尤其注重由下而上的积累,其思维极具逻辑性;语言文学虽然也是由下而上的积累,但思维内容层次多、交叉多,形象与抽象混搭,深浅各宜。大部分数学老师只要稍作努力就可以阅读语文教材,而大部分语文教师再努力也难以阅读数学教材。一个小学生可以读读高中语文教材,而对高中数学教材则不知所云。

从具体的物象中抽取出符号,形成逻辑,是人类智慧的表现。阅读是智慧活动,数学与哲学一样,是最高的智慧。马克思曾说他的哲学来自数学,他本人也是数学家,生了病还写出《微积分》。历史上许多哲学家本身就是数学家,罗素、索尔仁尼琴都是数学出身的诺贝尔奖得主。

语言是人类追求自由丰富的结果。

美国社会学家刘易斯·芒福德在《城市发展史》中说:"人类发展史上创造的两个工具:一个是文字,另一个就是城市。"

有了语言文字,我们就能知道别人做什么,想什么,古人做什么,想什么,告诉别人要怎么做。语言给人类带来了丰富的生活。多读几门外语,可以直接看外国名著,出国也不用带翻译,生活更自由。

心理学家巴甫洛夫认为,大脑皮层最基本的活动是信号活动。现实的具体的刺激是声光味电等,属第一信号系统,是非条件反射,是本能的、天生的;现实的抽象的刺激是第二信号系统,包括语言文字,是人类所特有的,是条件反射,是后天的、习得的。一次次喂奶给婴儿,声音与结果相连,婴儿学会了"妈妈"这个词汇,给孩子起名"小华"，妈妈的叫声里有某种食物，叫多了就有反应，"小华"成了他的名字。

会说话与会走路一样，是一个人自由的开始。第二信号系统使人类凭借语言能够互相自由地交换信息，概括，抽象，形成概念，进行推理。语言是概念的基础，康德说："借助于概念的知识称为思维。"对话是语言思维的交流，阅读是用书面语言进行交流，是交流的高级阶段。可以说，会阅读的人是最自由的人，是最丰富的人，也是最有智慧的人。

语言运用是主动思维。

学生用直观的视频接受名著，效果往往不如用语言形式接受，除了名著本身高质量、改编的往往不如原著这个理由外，还有接受方式的问题。作家毕淑敏说过："阅读就是这样一个不断转换符号的过程，迫使我们的神经像拧紧的发条，处于兴奋之中。"看视频时，"我们感觉轻松，因为电视替我们做了一半的工作，它完成了符号转换过程中应该由我们的大脑干的活儿。我们的脑子是一个大懒汉，它乐得有人帮忙，自己躲在一边休息。于是，看电视使我们迷恋和愉悦"。观赏影视时思维往往被图像牵着鼻子走，被动性大。而在语言作品阅读中，思维主体就必须主动。用语言接收，会让人们的思维从具体形式中抽象出来，增加了思维的速度、灵活度和自由度。往往不仅是再现，而是表现，是二度创作，会有自己的加工，一千个读者眼中会有一千个哈姆雷特。从这个角度上讲，所有的阅读都可以看作是创造,这是影视观赏无法比拟的。

杜威说:"文字,对于那些不知道语言符号的人来说,只是黑白相间的古怪的胡抹乱画。"红学家俞平伯说:"文字原不过是白纸上画黑道,一种形迹而已,但文化却寄托在这形迹上。"每个人都会在自己的"哈姆雷特"中寄寓自己的"文化"。毕淑敏说:"语言是一种抽象,它在还原成一种具象的时候,是依了主观者的想象而有大不同的。一百个人读《红楼梦》,心中就有一百个林黛玉哭泣的身影。电视一旦向我们展示了这一个林妹妹以后,我们自我设计的林妹妹就会羞怯于再出世了。今日电视用一种约定俗成的形象,扼杀了属于个体的独特想象,而想象是人类智慧飞翔的翅膀。电视剥夺了我们想象的权利,把万众一心的模式塞给我们。而电视的大众传媒性,它所展示的形象必是老少皆宜的。因此,电视的简化实际是一种思维的桎梏与退步。"

如果说影视是简单的接收工具,语言则是复杂的接收工具。同样是语言作品,阅读也有惰性。小说类的形象性强,而抽象的论文逼着思维主体去思考、去深入,否则,不知所云。如杜威所说:"思维的力量使我们摆脱对于本能、欲望和惯例的奴性的屈从。"从这个角度,我们更理解苏霍姆林斯基说的"阅读是学习之母"这句话,阅读者能更有主动的思维、更有智慧。

复杂的工具可以接收更丰富的信息,掌握复杂工具的人更自由、更丰富。用思维主动掌握信息的人,将是创造者。

掌握语言先是适应社会的需要,后是交流智慧的需要。当然,万物有灵,工具用久了,也有感情了,带上前人的"文化"了。个体与前人、他人之间用文化连接,语言就有了无穷的魅力。语言是存在的家园,学者颜翔林在他的《死亡美学》中说:"语言走入了人类精神存在的每一块神秘境地,涉足心灵花园的一草一木。"可以说,语言是与人融为一体的工具。

阅读也有惰性。

叔本华在读书问题上提出,"读书时,作者在代我们思想,我们不过在追循着他的思绪,好像一个习字的学生在依着先生的笔迹描画。我们自己的思维在读书时大部分停止了,因此会有轻松的感觉"。他认为,这样"读书太多反而变得愚蠢",就像"时常骑马的人渐渐失去步行的能力"。

语言的自由丰富是建立在阅读者主动性上的,阅读者主动性越强,语言就越自由丰富。反过来,不追求语言层次,耽于小说,确实是思维的惰性。跟着别人的观点跑,怠于小说的情绪,不经过自己的思考,没有自己的语言,这种阅读也是一种惰性。

主动被动是一对矛盾体,换句话说,掌握语言为自由,而掌握语言的过程需要付出代价,是不自由。这与赚钱为自由生活,而赚钱过程不自由,是一样的道理。简单点说,就是先苦后甜。

然而,小学毕业了,初中毕业了,识得了一些汉字,刚好能够用来读简单的小说,尝到了甜头,不料坠落于故事的诱惑之中不能自拔,而忘记了工具也需要保养,忘记了还有更好的语言需要学习、更好的工具需要掌握。

最主动的思维是阅读与写作结合。不动笔墨不看书,边动笔边看书是思维量最大的阅读活动,主体必须高度投入,才会有独到的见解。

只有主动思维成为习惯,形成了自己的语言,与作者的语言不断交织,读写一体,阅读对象、作者观点与自己的观点三位一体,不断渗透,才能是"自由"的阅读,进入了所谓的"自在自为"的境界。这好似许多人成为大富豪后继续赚钱,其目的已经不在钱,而在于创造的乐趣,工作已成为生活中不可缺少的一部分,浑然如天成。手段与目的高度一致,最终成为和谐的人,超越异化的人,自由而丰富的人。

触觉，感受力的基础

从广义上讲，人们所有的信息获取都是阅读，此乃所谓的大阅读，大自然、社会都是书。叶圣陶先生曾说："天地阅览室，万物皆书卷。"曹雪芹说："世事洞明皆学问，人情练达即文章。"现在流行"真人阅读"，即听具体的人讲述他们的故事，也是读一个个人。美国作家爱默生说："人生是书，书是注释。"中国阅读学研究会会长徐雁教授提倡"大阅读"，即把"读有字书，悟无字理"与"读无字书，悟有字理"相结合。

阅读力主要决定于理解力，理解力的前提是感受力。

触觉是感受力的基础，实物、实体是感受力的源头，一切从自然开始。

触觉使人亲切。

人生这本书是从触觉开始"阅读"的。作为自然界的动物，最先获取信息的渠道是触觉。母亲的怀抱最温暖，乳汁与母体给婴儿快感、安全感,没有一个婴儿拒绝吸奶。最深沉的触觉是相濡以沫,气息相通。一把尿一把屎,现在父母为孩子,将来孩子为父母。抱头痛哭也是触觉,哭出眼泪,爱人、亲人会为你擦去。亲人可以说是用触觉来交流的人。男女从相悦到耳鬓厮磨再到成为亲人,也是以触觉为标志的。牵手、携手等亲密人际关系的词语,也是由触觉而来。我们的社交礼仪中也包含着握手、吻手、拥抱这一类用触觉让对方感受亲近信任的方式。

木质建筑柔和,有生命感、质感,木质居室感觉温馨,而砖石钢筋则让人感觉冷,美感也源于触觉。人们喜欢布质材料,是因为柔软。轻与沉、细腻与粗糙等概念,都是由触觉而来的。美味佳肴,也是触觉的享受。触觉与液体给皮肤快感,传递着美好的信息,孩子喜欢玩水或许是这个原因。兜风也是享受清风的抚摸,整个审美发展过程是由动物的快感发展到人的美感。

儿童害怕睡觉,睡前缠着妈妈。他们此时最需要母体的安全感,妈妈给的触觉与液体是最温暖的港湾。母爱深沉,也是触觉的延伸,一直延伸出了乡情,延伸出了《外婆的澎湖湾》。

触觉使人恐惧。

轻风给人舒畅,狂风暴雨让人难受。最先的痛苦感也是触觉,跌倒、挨打、受冻等带来疼痛让人恐惧。触觉形成恐惧感,触觉是最直接的对抗。武打片让人这么爱看,就是唤起了触觉感受,轻松地体验了别人的痛苦。文学欣赏、影视欣赏时,记忆代替缺位的触觉而进行。若让痛觉真实地进行，感受力到位了，谁还会来看电影？

感受力以触觉为基础。

视觉、听觉、嗅觉、味觉都是感觉，从广义上讲，都可理解为"有距离的触觉"。嗅觉是气体分子与人的鼻孔接触，听觉是鼓膜与振动频率接触，视觉是光波与眼睛接触，味觉本身就是触觉。它们都会带来官能的感受，味觉会接收甜酸苦辣，嗅觉会接受香臭，经过感觉综合，视觉会从味觉经验中产生肯定或否定的态度，各种感觉带来了喜怒哀乐的情绪。

感觉与触觉可称为感触，所有的感其实都从触来。离开了生命本体的触，感也就无从依存。触觉是没有距离的，距离越近越真实。触觉是所有人的本质感觉，是感受力的基础。而各种感觉有效综合，就会形成强大的感受力，归入人的记忆库中。叶落归根，母亲、故乡的童年感受，是永远亲切的记忆。若过分强调安全，孩子便会失去感受世界的机会；过分大胆，孩子则会有危险，这个度确实难以把握。

有人说智力在3岁前就定型了，其中也包括感受力。幼儿班教识字被专家反对，认为幼儿更需要培养感受能力。当文字能力基本形成后，感受力直接影响阅读速度与精度。一个山里长大的孩子对山中景物的唤起感更为强烈，一个会游泳的孩子看打水仗就更有亲切感。旅游、运动可以增加触觉体验，可以说，在相应的语言技能下,记忆中的触觉愈深刻,对语言的感受力也会愈强。

最佳的感受力是对气息、氛围的感受,长期的经验积累,就能凭直觉判断出别人无法感受到的。如妻子能通过丈夫、孩子的点滴表情捕捉其心态,警察对罪犯的敏感。

怪不得有人说,感官是万物的尺度,虽有些片面,却言之成理。

享乐主义,让触觉无法升华为感受力。尤其是享乐过度容易导致厌倦,从而丧失兴趣。纵欲是感受力的死敌,比如暴饮暴食,就会味觉麻木,反而丧失生活的乐趣。感受力是双重的,喜怒哀乐相伴相生,光追求快感而没有痛感是不完整的,痛苦是感受力很重要的一部分。家长用自己的努力把孩子应该有的痛苦感消除了,目的是让孩子幸福,却不知道孩子的幸福感反而消失了。从前有个故事,地主的儿子喝水总不觉得甜,问长工有什么妙诀,长工让他挥锄三百下再喝水,果然甘甜,地主的儿子从此体会到了幸福。由此可见,触觉要升华为感受力,就要有全面的触觉。

全面的触觉也包括过程感受,而不仅是结果。几个好友聚餐烧菜的乐趣往往比去大酒店强,尽管大酒店的菜好吃,尽管烧菜洗菜时大家麻烦,而乐趣就在于此。从前婚礼办喜酒花钱少快乐多的原因也在此,如今婚礼庆典给人的感受是大家走过场,完成任务般。登高也一样,三五好友尽力攀登至顶峰后远望,倍觉舒畅,目力触及之处,皆成胸怀;乘索道而上,则味道折半。轻松得到的东西,滋生浮夸;终于得到的东西,成就感更强。

　　感触表现为原始本能,而感受力更带有主体的态度,带有判断(肯定或否定),强大的感受力伴随着主体积极的情绪向细节前进。人要服从理性调节,最终要向自然回归。自然不排斥本能,但排斥纵欲,丰富因此而形成。

感受力与理解力

感受力不同会影响理解力的方向。

年轻人触觉灵敏，运动感强。老年人反应则相对迟钝、麻木。可见，触觉是生命力的体现。女性皮肤比男性细腻，在触觉上更灵敏。这使她们有细致的感情，有更多的细心，也对形象、语言更为敏感，从而为抚养下一代作好性格上、习惯上的准备。从这个角度上讲，女性的感受力更强。假如把护士都换成男的，效果如何？

也有人说，长期锻炼，男人也会细心的，确实是这个道理。西蒙·波娃在《第二性》中说：碰到一条蛇，一群女生惊慌逃跑，一群男生可能去打，去捉，他们嘲笑胆小者。以此分析，女性恐惧接触而越来越胆小，男性喜欢接触而越来越大胆，也许因此男性与大自然接触得更多。人与大自然的关系方面，男性的感受力比女性强，男性走得更远、更宏大。比如男性对驾车的快感追求，充满了好奇与探索。

西蒙·波娃认为，女性偏向内。女生大胆泼辣，会受到成人的暗示：一个姑娘这么大胆，不像话。事实上，女性因体力与性别的原因，必须学会更多的自我保护，需要更加谨慎，更不愿表现感情。加上成人世界、男人世界的不断暗示，淑女也就成了女性的模板。淑女型不仅具有美学价值，更因为淑女能避开矛盾，免于争端，从而有安全价值与实用价值。以此分析，如果女生一开始就与男生一样受到"大胆"暗示，她们也会与男生一样敢于与自然接触。还有大肚子妇女给女孩的生育恐惧暗示，也成为她们谨慎性格的源头之一，这是客观的生理决定的。反过来，当妈妈后，女性则充满了经过生育之后的成功感。谈论坐月子、带小孩，她们常会兴奋，这些知识、这种优越感是人类延续的保证。尊重女性，不仅因为女性是体力上的弱者，还因为女性承担了人类延续的痛苦。

总之，对身体等方面的自然感受力，女性比男性强；对大自然的感受力，男性比女性强。由此可见，感受力的方向与接触内容相关。

在语言、阅读领域，不注重感受力培养，而只注重识字、背注释、背词汇，阅读速度就会变慢，阅读时容易停留在符号层面而没有向思维内容延伸。感受力是理解力的基础。阅读力除了符号转码能力外，还有理解能力，包括记忆力、思维力、想象力等智力因素。因此，感受力也成为阅读基础能力。从小学开始，注重朗读，在小学生理解力还没有成熟的情况下，强化语言感受力，多多朗读，确实需要。而对生活、自然、社会的感受力，又是将来阅读能力的关键。这又回到了诵读与认知两种观点之间，其实两者都不可少。

关于感受力与理解力的关系，还有更多的体验决定因素在其中。

曾经有一对夫妻吵架，丈夫指责妻子："你洗米时太用力，把米都洗到水槽里去了。"妻子反驳丈夫："你与别人抽烟，饭桌上扔烟时常把烟扔到汤里，这根烟就没了。你一根香烟能够买三五斤米知道吗？米能浪费多少？一两斤米够一个月浪费的。"

丈夫认为那不一样，浪费粮食是罪过的。丈夫是农村种田出身，考上大学后再分配工作，妻子是城镇居民出身，从未下过田种过地，当然也没有切身体会。感受不同，理解也不同，不是经济逻辑决定得了的。值多少钱是一码事，自己对其感受程度是另一码事。农家出身的人，容易引发浪费粮食的内疚，也容易引发"无粮则乱"的社会思考。而现在读到"谁知盘中餐，粒粒皆辛苦"，有多少同学能够感同身受？更不要说什么"土豆挂在枝头上"的搞笑作文了。

我们似乎不赞成经验主义，但经验、体验经常在我们的意识、潜意识中进行导向，阶层的烙印也好，小农的意识也好，这种存在是不争的事实。许多童年长久自卑的人，一辈子都摆脱不了依附权贵的心理，不大气，不能独立。阅读能够调整这种理解偏向，弥补精神不振，挽回童年感受造成的伤害。而我们现在更要为儿童创造平等的环境，德国教育家拉伊在《教育实验学》中告诉我们：

"教育的任务就是要为儿童的每一个发展阶段选择适当的刺激程序，引导刺激产生积极的影响，控制刺激的消极作用。"

游戏也是刺激的一种。

游戏是假设，是体验。游戏让人在安全状态下体验、感受快乐。游戏是人与人、人与自然关系的演习与回顾。成人平时开玩笑也算是种游戏，能够放大人生的幸福。

如前所述，触觉成为所有感觉的基础后，它可以暂时缺位，由记忆代替。游戏的快感在于用记忆、用感受力代替触觉，也可看作是触觉的延伸。触觉越深，记忆力越强。

游戏是以欲念、经历的记忆为满足而进行的一种活动。例如游戏中的打人、杀人是一种欲念的记忆代替。真人游戏则另当别论，那已经不是游戏了。游戏是没有直接后果的。正如我们童年时模仿当时的批斗会，去批斗地主富农家的儿子，甚至推几下，按下头让他们"认罪"，这已经不是游戏了，而构成了伤害。

康德说："快感是欲念的满足，美感不涉及欲念，而只涉及对象的形式本身。"另一位哲学家夏夫兹博里说："快感是官能上的满足、动物性的满足，美感要通过人的理性，是'内在感官'的满足。"

阅读，也可看作是作者与读者一起完成的一次游戏。所不同的是，好多游戏能达到情绪愉快的满足；而阅读从情绪愉快开始，从快感开始，向理性发展，向美升华。

也有的游戏使快感向美感、向理智发展，这是游戏的积极功能。

有人说一个良好的游戏赛过一本好书。电影《催眠大师》讲述了一个因车祸失去妻子、朋友的催眠大师，走不出懊悔、自责的阴影，而被同学反催眠的故事。我们可以把这看成是医疗，也可看成是游戏，重新回到情景之中去体验。通过这个游戏既获得了快乐，又能归于理性。孩子过家家是成人关系的演练，消防演练、救灾演练也是好游戏。我们许多优秀的班队课、优秀的电视节目都玩这种有益游戏。每个人在好奇与感受中掌握技能，理解人生、社会，完成自我教育，提升精神。

大量不良的电子游戏也正在肆虐着我们青少年。电子游戏从虚拟到虚拟，从欲念到欲念。如杜威所说："游戏退化为傻淘傻闹，过度地沉溺于其中，便会招致精力的浪费和溃散。"在触觉记忆中得到虚拟的快感，快感后还是快感，把人拖入纵欲的境地，不能上升到美感，远离现实，无法回归理性。现实是感性的，也是理性的，关注现实的感性会向理性升华。经过阅读，可以将欲念变为理性，变为美的欣赏。而电子游戏在虚拟的快感中、在触觉中，强化刺激，它给人的是征服心而不是好奇心，是自我膨胀而不是理想追求。

阅读给人深入的思考，给人智慧，给人美的追求，游戏给人霸占的欲望，如康德所说的，仅仅是"欲念的满足"。

触觉的愉快记忆，强大的感受力，既是好奇、探索的动力，也是玩物丧志的源头。这里有多种因素在起作用,其中阅读是重要内容。

培养感受力的最好的方式是亲身体验。把头伸进大缸里说话,感受"嗡嗡"的回音;拿一竹叶嵌于唇间吹成乐调,充满乐趣。劳动、旅游、集体活动等,都给人体验。此处仅举20世纪90年代的一节美国蚯蚓课为例,同学桌子上摆着一条蚯蚓,先摸摸,再看看书。当时我们的蚯蚓课往往讲什么叫蚯蚓、蚯蚓的属性、蚯蚓的作用等,同学们没有感受蚯蚓,只会背蚯蚓条目。背得快忘记得也快,没有铭心的记忆。没有感受力的理解力,是空中楼阁,是形而上学,是对生命的压抑。缺乏感受力就会阻碍理解力的正常发展。

求真的阅读一定要尊重感受力。什么某人被火点着了,他一动不动,不吭一声,没有昏厥,清醒地被火烧死,这让人匪夷所思。我不知道这事情真实性如何,听医生讲烟雾中挣扎与昏厥是本能反应,与思想品质无关。讲书人夸大形容,听众也听得入神,大家有疑问没说,可见大家共同在维护这种不切实际的游戏,没了质疑的声音,大家都愿意用想象力滋润自己,在这种虚假的审美中陶醉。

我们不缺这种游戏性的阅读兴趣。武打、玄幻小说长盛不衰,飞檐走壁,刀枪不入,总是牵动着同学们的神经。当然,明明白白地作为神怪小说阅读则另当别论。《西游记》就明确地告诉我们是小说,是想象的,孙悟空的头砍了一个还长得出一个。错就错在以假作真，混淆真假。

有一位小学教师布置了作文《记一次种树活动》，学生说没种过树不做，被教师批评补做。孩子要求父亲带他去种树才写作文，结果家长说："你不会想象？别的同学难道都种过树？"

这话确实讲到点子上了。学生可以自己写，网上、作文选上种树的作文有的是，变通一下，就可以是"好"作文，说不定比老老实实写的同学更好。然而，如果这位同学在父亲的带领下亲自种一种树，然后读种树的文章，写种树的过程，不就更有感受力了？不顾感受力，纯粹用理解力，也可以读懂文章，写出作文，而这时的理解力其实是用想象力来代替的。想象力是智力的重要内容，但在缺乏真实感受的情况下，想象力难免变成胡思乱想，胡拼乱凑。长久下去，对世界失去了信任，怀疑一切，便会出现大量的防备意识，让好奇心也丧失了。

真，是让人安心的、静心的，是智慧的底蕴，静能生慧。真善美，真是善与美的基础。失去真，善与美也就没了根。

我们现在教学条件好了，什么都有了，为什么偏偏在求真的时候，却缺这缺那了？我们的家长号称最关心孩子，最希望孩子充满智慧，为什么孩子需要智慧的基础求真时，却回避了？现在学校一提游学，都担心出事儿。我们小学时半夜起床坐船到百里外的椒江游学，参观码头、电灯泡厂，了解轮船，了解灯泡的制作过程，那简直是科学启蒙，至今记忆犹新。如今交通越来越发达，游学却越来越少，游学路程也越来越短，典型的因噎废食。让大家安坐在教室里,谁也不会有事儿。而若我们下一代国民素质下降,则会出了大事儿。

　　理解力是理性的,理性不排斥感性,否则,理性崇拜本身会走向反面,因为离开了基本的感受力则容易走向邪恶。不承认基本感受的信仰,最终导致最具"感受力"的暴力。歌德说,"理论是灰色的,生命之树常青"。人的感官、感受力是理解力的源头,离开生命之本,理解力是无源之水、无本之木。

　　感受力与理解力、感性与理性综合平衡,才会引发强大的好奇力量。人的认识从触觉、味觉、嗅觉、听觉、视觉等感觉开始,产生印象,综合感知,形成感受力。不断好奇,从感性到理性,形成了探索。

阅读，永远的好奇，永恒的探索

"阅读，是永远的好奇，是永恒的探索"，这是我们的阅读理念。

好奇才去阅读，阅读又引发好奇。好奇心支撑阅读兴趣，阅读开启深层次的好奇，阅读与好奇形成良性循环。

好奇是人的天性，只要不被阻抑，对天地万物的好奇与探索，是人在温饱之余的永恒追求。我们教育者都希望青少年保持终生的好奇、终生的探索，如何保护好奇心？

如果说好奇又向往可称为好奇心的话，那么，好奇心来自于阻抑又要冲破阻抑的状态。没有阻断当然没了好奇，而长久的阻断好奇心也会消失。

少儿不去好奇大多因为恐惧（包括羞耻），因为不信任，久而久之变为成人的熟视无睹。诚然，适当的恐惧（包括必要的羞耻）是生存与安全的需要，对世界全盘信任是危险的。

杜威说："每种活着的动物，当它们清醒的时候，它和它所处的环境发生不断的交互作用。……我们具有破坏性影响的种种手段，具有防止有害影响和保护自己的种种手段。"具有"不断主动扩大经验的范围"的倾向，概括起来便是好奇的力量。

天上下雪，孩子们愿意玩雪，做冰盘，堆雪人，不怕冷。农村孩子大都有对鸡鸭羽毛温柔的体验，触觉构成对自然美的最初感受与自然探索的最初动力。小孩子对火好奇，去触摸，他感到了疼痛，知道火是不可以摸的。一朝被蛇咬，十年怕井绳，对蛇的好奇探索止于恐惧。"想都不敢想"是极端恐惧的描述。

后来长大了，经过大人们的教育，也经过阅读，明白了火、电、水，明白了合理地自我保护而不要一味恐惧，重新燃起了对火、电、水的好奇心。原来的恐惧理性化，好奇的能量重新出现。好奇是探索的基础，杜威曾说，"在社会刺激的影响下，好奇心发展到较高的等级"，此时，"儿童学会了向别人求助以弥补其经验的不足"。我们把这种好奇理解为探索的开始，"(好奇)升华为理智行为。在这个层次中，好奇心转变成为儿童要亲自寻求在与人和事接触中产生的种种问题的答案的兴趣"，我们把这种行为理解为探索。

好奇是感性的，探索是理性的，探索是理性的好奇。

一个人看见黑漆漆的山洞，若是径直走进去，那是最原始的好奇，不是探索。仅仅是好奇，还没有引起思维，仅仅是刺激，而没走向思考。探索是回去向老者、向书本请教有关山洞的知识，带上工具，做好充分准备再进入。就好比探险家，必须事先阅读前人相关材料,调查研究以后才能开始探险,否则会为此白白丧命。

小时候看宰猪,好奇猪的内脏是怎么样,还想看看人的内脏如何。除了医学系解剖课与医生,大家无法满足这种好奇,后来通过阅读(含图片阅读),了解了内脏及特征,为医学探索打下了基础。可见,阅读让好奇继续。

一知半解是常态,一知半解让人跃跃欲试。而知深行远,只有进一步阅读、调查、掌握资料,才是探索。

经过阅读,掌握了理性知识,再去好奇,去接触,去尝试。减少冒险的尝试才叫探索。

若是无视山洞的存在,那便是没有了好奇心,也就不会产生探索。一个人没有探索,只会困守在一方天地,日复一日地重复着生活,不再发展。

强大的恐惧、完全的自闭会导致好奇心的丧失。比如小孩子听到有水鬼,就不敢独自一人在水边玩,这是应有的自我保护;但也有成人夸大水鬼的恐惧,导致了孩子的自闭。

在好奇与恐惧之间,在探索与自闭之间,语言是最好的平衡力。语言的本质是思维,通常我们说"让我慢慢想一想",或者,与人说说聊聊。当一个人把话说出来,已经不再自闭了。

因此有人说,语言是探索的工具,起码,让人不自闭。

人类对自然的好奇可能暂停于恐惧,而不会停止于恐惧。超越恐惧,继续好奇,开始探索。没有恐惧,或者说没有谨慎的好奇,是不会产生智慧的。超越恐惧后的大胆与谨慎的结合,才能有智慧。必要的恐惧感不仅是自我保护,更可因恐惧生敬畏之心、道德之心,因超越而生探索、科技之心。越是探索,越是敬畏自然,越有道德。

从触觉出发,探索世界、认识世界的道路,就是一生的道路。这条路上最伟大的工具就是阅读,如果不进行阅读,那我们的探索只是表面的、低层次的。真正的探索是从阅读开始的,是从前人的经验上开始的。培根说:"书籍是横渡时间大海的航船。"苏霍姆林斯基说:"阅读好比使思维受到一种感应,激发它的觉醒。"阅读让我们"站到巨人的肩膀上",追随着前人的思维,把好奇对象进行全面的理性的认识,又催生新的好奇点。即把前人(他人)的探索、好奇作为自己的起点,作为自己的基础。

恐惧、压力、被动都会影响好奇,而好奇也可能止于独断。独断者把所谓的答案堵在孩子面前,一个个句号让好奇心再也展不开翅膀。阅读永远是问号,永远是主动的发问。用阅读来解释好奇点的同时,会使问题一环套一环,带出更多的问题。因此,阅读,是永远的好奇,是永恒的探索。

如果说成功的人生才是有意义的,那么,成功的人生就是终生好奇、探索的人生。

慢慢地探索,生命不息,好奇不停,探索不止。

探索,走向远方,阅读是必不可少的枴杖。阅读,是人生的探索,是精神之旅。人类最大的恐惧应当是消逝,当这些好奇、探索不断地超越消逝的恐惧,这条道路便充满了精神。阅读,是精神发育、成长的主要方式,强大的好奇是阅读永恒的动力。

考古,是历史的探索、源头的探索;物理、化学,是自然的探索;哲学是精神的探索、社会的探索。人生是永恒的探索,学校为探索之母。因你,我走向远方;因为探索,我们走向远方。

希腊哲人说:"水和土是万物的本源。一切都从土中生,一切最后都归于土。神并没有在最初把一切秘密指点给凡人,而是人们经过探索,逐渐找到了较好的东西。"

阅读的原动力是好奇,身体的成长需要食物,而精神的成长需要探索,人一生到老都要用探索来滋补精神。因为消逝,每个人活在世上都没有安全感,也正是因为认识能力强,人才成为一种最缺少安全感的动物,也因此而感情丰富。感情说到底是一种依靠,每个人只有通过探索、求真才能找到自己真正的内心,人在抗拒消逝的道路上充满探索,探索继而找到自己的内心世界。

换个角度看,科学与宗教,都是探索的方式。

人们一生都在为自己向更高一层迈进而努力,在向更高生活方式迈进中才有充分的安全感。向上攀登,追求价值,受到大多数人的肯定,这种积极的生活方式会给周围的亲朋好友带来安全感。这也是堕落者、强权者、不道德者给周围人带来危机感,而遭到大家反对的原因。

更高的生活方式分物质的与精神的两方面,物质的生活追求,可能使我们之中产生好多好多的暴发户,而不是贵族,他们如果热爱阅读,就能把自己培养成既有物质保障又有精神品位的人。否则,只能用一掷千金来抵御空虚。

人生的疑问也是由阅读解开的。阅读、探索也许不能延长生命的长度,但能够决定人生的高度。我们的精神到底能走多远?不断阅读,不断好奇,不断探索,从而达到更高的精神层面。

阅读能够拓展生命的宽度。英国作家阿道斯·赫胥黎说:"每一个知道怎样读书的人,也就大大增加了他的生存方式,并使得他的生活充实,充满有意义、有趣味的力量。"作家王安忆说:"一个人再长寿也就活一生,而阅读可以让我们通过这个媒介享受那么多的各种各样的人生。"

山林神秘,大海广阔,宇宙本身永恒,人类渺小。探索是挑战,或许永远无法取胜,因而是永恒的挑战。

有距离,才能有神秘。宇宙的距离是永存的。神秘,永恒,过去的过去,未来的未来。

过去、未来,谁也没有亲历过。现实,又只能用过去来解读。现实,又在解读过去。用现实与过去这两本书来描摹、推算未来。

时光的纵轴上,充满了探索者的故事。

人类历史长河上的探索者,一定是入迷者,一定对生活、人生、社会、宇宙充满永恒的乐趣。这样的入迷者，想停止阅读、思考是不可能的。或许，阅读是孤独的，但这种孤独是朝圣，哪怕是一个人的朝圣，也是命运在召唤，哪怕是青灯孤影，也是皓首穷经。

这样的阅读者，在人类精神接力棒传递过程中，不存在通常说的堕落的危险，尽管可能跌倒。

我们都是迷茫的孩子。世界上找不到标准答案，又永远在寻找答案。有时一个答案找到了，又形成了新的疑问。

无数探索都受到怀疑，至今尚没有答案。没有答案，何必探索？没有答案的探索，有意义吗？于是有人说我只关注存在，不关注意义。那么，存在本身的意义呢？人类的存在方式告诉我们，除了探索，别无选择。好像《西西弗斯神话》，石头到山顶，又滚下来，又推到山顶。虽然这种二律背反早被人们发现，早已从逻辑上证实，但人类的实际行为不会因此停下探索的脚步，而是更加丰富了探索的内涵，找到了更多的探索精神。无为而为，看破红尘而看红尘，阅读与生命同步。

阅读、探索是人类的自我保护与自我拯救。阅读不仅包含了这种追求，也是向人生本质的迈进。可以说，人生的本质是好奇与探索组成的。好奇、探索，既是工具，也是目的，合目的又合规律。

当然，精神的成长也可以通过雕刻、绘画、音乐、舞蹈等视听艺术来完成。这些东西与阅读一样，构成美的追求，也需要通过道德、伦理完成善的追求，需要通过科学、哲学完成真的追求。真善美，都可以通过阅读来认识、追求。

语言文字，让人远离动物性，充满人性，从感受出发，形成概念、思维。

杜威说："文字是一堵围墙。"走进这堵围墙，里面是一部部名著、一片片广阔天地、一座座美丽山峰。维特根斯坦说："自我生命的边界是语言。"名著是一个个名家自我生命的结晶，他们把自己的生命光辉最大限度地传递给他人。书籍，是人类群体体验与冥想的结晶，是代代智圣共同努力建构的心理模型与智慧空间。或许如海明威说的，此仅为冰山之一角，而前人行远知深，我们从边界、一角中读出一个个探索者艰难的历程。

阅读，是好奇、探索的支柱。

光荣大地，青春年少，语言文字，传承薪火。用阅读来接收众多的自我，塑造自己的个性，让人类的精神走向远方。

阅读者，传承人。

图书馆：学子成长的精神摇篮

人生道路充满探索，学校是探索之母、探索的摇篮。

学校有三宝，图书馆、名师、实验楼。可以这么理解，图书馆是理论园地，是前人实践成果的园地。实验楼是学生实践园地，包括社会实践基地。图书馆与实验楼里充满了前人思考与实践留下的智慧与真理。名师把前人的实践"贩"给学生，他们是智慧、真理的摆渡人。教育家梅贻琦说："大学者，非有大楼之谓也，有大师之谓也。"图书馆、名师、实验楼三者一起，让同学们站在巨人的肩膀上，缺一不可。

学校是探索之母，图书馆、实验楼是探索的宫殿，是学子成长的精神摇篮。

杜威说："学校即社会。"那么，图书馆就是灵魂，就是司令部。

实验楼是体验的工具，是触觉的基地，是用实物、实体传递真实信息的地方。培根说："只有实验才能真正达到对自然的本质的认识。"没有实验，仅靠教师那里得到间接经验，是一种"寄生的知识"。

图书馆给你梦想,给你奔放的激情。实验楼给你理性的回归,在名师的指导下,碰撞出智慧的火花。

复旦大学前校长杨福家说:"看一所学校学风好不好,看晚上图书馆就知道了。"

同样,看一个地方有没有文化,看一看公共图书馆里、书店里、博物馆里人多不多就知道了。一个国家、民族也是如此。发达国家4万~5万人一个图书馆,我们是50万人一个图书馆。我们人均阅读量不到5本,日本、美国是我们的6倍左右,而最多的是仅有3000万人口的以色列,达到人均64本。我们的大学入学率不断提高,文化是不是同步提高? 文化部前部长蔡武说:"当'你没文化'是一句最严厉的批评时,我这个文化部部长就满足了。"

习近平主席在接受俄罗斯记者采访介绍他的阅读爱好时说:"现在,我经常能做到的是读书,读书已成了我的一种生活方式。读书可以让人保持思想活力,让人得到智慧启发,让人滋养浩然之气。"李克强总理称赞三联韬奋书店说:"不打烊的书店应成城市的精神地标。"那么,同为精神地标的还应当是图书馆。如果一座城市,人人都是图书馆的常客,人人都有借书证且不闲置,人人都是书店里的顾客,这座城市的品位就上来了,这座城市就会健康地成长,这座城市就是知识的集散地。图书漂流速度赶上快递公司,这个地方就是知识铺路、文化满街的天堂。

然而，阅读现实不容乐观，图书馆很尴尬，浩气不足，邪气倒不少。面对经济危机，大家忧心忡忡，努力调节，共同克服；而面对阅读危机，许多人不以为然，或者压根儿视而不见。我们有阅读危机，有教育危机，有文化危机。这些危机远比经济危机后果严重，因为它构成的是精神危机。精神危机不是"一日之寒"，也不能"一日光照"解开。

等到大家最爱泡的不是酒吧、网吧，而是书吧时，我们的精神就丰富了。

振作精神，养浩然之气，从书店做起，从图书馆做起。

本应是阅读支撑教育，阅读促成教育，现在有些反过来了，自身充满危机的教育在支撑着阅读，也在支撑着出版业，或者矫正着出版业的方向。教育的支点在哪里？应当在培养健全的人格上。而现实是，望子成龙的宗法价值观在支撑着教育，使教育强化应试，因为"龙"的标准是光宗耀祖，于是教育便只有一个面向——屈从于简单的望子成龙价值观而重分数、学历。而另一方面，一些有识之士在这个支点中，不断渗入人的价值、个性的价值、独立的价值，顽强地运用教育评价推动人的全面发展。这是有识之士巧妙地运用了不健全的体制，坚持着素质教育的底线，传达着精神理念。因而，向所有为着良知、为着人的全面发展而坚守理性的先生们致敬。如果没有他们的坚持，完全顺着简单的望子成龙与纯粹的应试教育把教育市场化，结果必然是民族素质的滑坡,后果严重。

美国吉姆·崔利斯在《朗读手册》中说:"大家所面临的任务是,让下一代孩子深信,随身带书比带枪收获更多。"美国在 1985 年发布了一份名为《成为阅读大国》的报告,呼吁美国人要读书,他们早就有"图书馆周"、"纽约读书节"、"诗歌月"等文化活动。联合国在 1972 年就提出了建立"阅读社会"的口号。

经济总量达到世界第二的我们,也开始了阅读大国之路。党的十八大、2014 年的《人大工作报告》均写入了"全民阅读"的理念,开启全民阅读,创建书香社会,走向阅读大国。

实验给人感知力,图书给人灵魂,知识的灵魂在图书馆。图书馆不只是书籍的仓库,而应是向读者表达思想与美的场所。它所肩负的不仅是借书的职能,更是文化传承、传播的功能,正如美国某州图书馆执行官苏·罗伯特把图书馆功能定位为"学习的促成者"、"塑造学习者"。

如果学校仅仅给了你知识,那是学校的失败。如果图书馆、实验室向学生关门,那么,校门也可以关上了。

读书的目的是指导人生,人生的意义又在于探索、求证。然而,人生迷茫,目的地不明,灵魂就是因为有了迷茫才去寻找、追求。俄国作家托尔斯泰说:"在寻求人生问题答案的过程中,我体验到的心情,与在一个森林中迷路的人完全一样。"托尔斯泰一生都在求真，临老还执着于探索。

阅读，是为了寻找回家的路。古语云："人生识字糊涂始。"因为识字读书，开始探索，才有糊涂，才有迷茫，迷茫又促进探索。我们要回家，回哪个家？迷茫之中，我们追寻着真善美。求真、行善、至美，是我们人生的精神归宿，是我们真正的家，也是我们的理想与信仰。

这一切，从阅读开始。在阅读中体验，在体验中阅读。

图书馆如森林、如大海。阅读是学生精神成长、发育的需要，是个体认识世界与自身的需要。个体面对世界这个客体，也面对自己的未来这个客体，迷茫而又不断成熟，阅读是精神发育的最好的自我教育手段。

图书馆，是少年精神发育的摇篮。

读书自古重要，"万般皆下品，唯有读书高"。所谓知书能达礼，岂止达礼，知书能达真、达善、达美、达德、达仁、达道、达和、达爱、达慈、达慧、达乐、达境。知书还能达钱、达官。达钱达官又知书，则其钱其官将成行善积德的基础。正如古代大家贵族所云，"几百年持家无非积德，第一件好事还是读书"，真所谓"阅读达人"。人为读书之本，是出发点，也是目的地。

然而，有些"知书"，也会达贱。那些所谓的厚黑学、那些伪成功学，就是毁灭精神，张扬欲望。读这样的书，就会没有独立的人格，唯权是好，会成为犬儒。历史上也有不少"阅读达犬"的例子。

读书必先选书，其理在此。古人用"汗牛充栋"来形容书籍之多，如今书籍更是成倍地增加。在这个信息暴增的年代，图书馆只有由原来的借书责任，变为兼具选书荐书功能，开展读书活动，才能完成自己的使命。

向同学荐书，荐书即荐心。

所有的阅读都是个性与共性互相作用的结果。要读哪些书？没有标准答案。

如上面所说，图书馆始终面对两个问题：推荐什么书，怎样指导阅读。从内容到方法，从对象到途径，都要不断地选择与摸索。而选择的依据始终是学生的精神世界。

我们不能仅用简单的开列书单的模式，互动、参与才应是主要方式。循着青少年的思想方向，用热点人物跟踪、作家跟踪、哲理视角、新闻视角、历史视角、工商视角、科技视角、女性视角、地域特色，用立志问题、成功问题、富二代问题、美、乡愁等学生关注的问题，列入学生的视野。推荐点与学生的关注点接触才会进入沟通领域，才会是有效推荐。周国平、阿来、龙应台、傅国涌、杨绛、张爱玲、萧红、马云、比尔·盖茨、乔布斯、张之洞、福泽谕吉等人物都进入了我们的视线。当前，面对热点，报刊杂志沸沸扬扬，这些问题、这些人物、这些观念，为少年精神成长奠基。出版社也及时跟踪出书，不亦乐乎，图书馆怎能原地不动？

还有许多我们的教育部门不太重视的视角。比如：商人与道德的问题,实业中的利益冲突与道德上的利他之间如何调节,这些问题在同学心灵中矛盾着、纠结着。亚当·斯密一生在《国富论》与《道德情操论》两本书之间徘徊,不断疑问,不断回答。

图书馆应当在学生的心灵中导航,通过贤人圣哲指引,通过读书,从而达到道德境界。理想、信仰,因读书而生。

"吾爱吾师,吾更爱真理。"图书馆应当指导同学们不断走求真之路,融入时代,融入青少年的灵魂。培养独立人格,让青少年成为探索与思考的一代,肩起未来公平、正义、民主、自由之梁。

师生共创理念

"阅读，永远的好奇，永恒的探索。"这是我们共同的理念，也是共同参与讨论的结果。

为什么阅读？阅读的理念是什么？说法多多。阅读理念，共性中有个性，不同的人有不同的见解，需要不同的理念。各人之间，各班之间，既要有共同理念，又不强求统一。个性化反而有利于形成群体阅读氛围。在各个理念之间，寻求共同空间，支撑群体阅读。群体、圈子会成倍地加强个体的阅读动力。各人坚持自己的个性，在共同的理念中形成自己的切入点，也在坚持自己的理念中加深对阅读的理解，在比较中形成自己的模式。比如有不同的好奇对象、好奇层级，就有不同的探索方向。有人注重阅读的自我修养功能，有人注重阅读的社会功能，有人看重阅读的功利作用，有人看重阅读的休闲熏陶作用，不一而足。

为此，我们组织了一次讨论调查。我们要学生做两件事情：一是教师布置十几条阅读理念让学生选择，二是让学生自己提供理念。调查全校范围展开,由图书馆、语文组、团委三方合作负责。我们推荐了以下阅读理念。

阅读,永远的好奇,永恒的探索。

阅读,给我翅膀。

阅读,照亮梦想。

阅读,让自己丰富起来。

阅读,让自己美起来。

阅读,让自己优秀起来。

阅读,让自己充满魅力。

阅读,使人强大。

热爱读书,学会生存。

热爱读书,让生命成熟。

阅读,使人健康。

阅读,使人独立。

阅读的世界是和谐的世界。

学生经过反复讨论,进行投票,结果是"阅读,永远的好奇,永恒的探索"得票最高,也就成了我们共同的阅读理念。这个结果也与教师的原先预测一致。学生参与投票的理念,也会使学生感到亲切,更容易从内心接受,从而指导他们的阅读。

学生也表达了他们自己的理念。

阅读,酝酿人生。

阅读,使世界旖旎多彩。

阅读,让世界走近。

阅读,改变世界。

阅读,给我们另一个世界。

阅读,改变命运。

阅读,使人淡然。

阅读,超越自身。

阅读,给我阳光。

阅读,带我远航。

阅读,使我充实。

阅读,照亮未来。

阅读,净化思想,升华灵魂。

阅读,心灵的旅行。

阅读,养浩然之气。

阅读,让生活充满色彩。

阅读,擦净自己身上的灰尘。

阅读,让我审视自己。

阅读,完善自己的人格。

阅读,让梦想起航。

阅读,让我丰满,使我自信。

阅读,品百味人生。

阅读,畅游天下,穿越古今。

阅读,创造力量。

阅读,孕育智慧。

阅读,点燃星星之火。

阅读,是你一生的资本积累。

阅读! 进步! 强大!

阅读即成长。

阅读点亮生活。

阅(越)读阅(越)快乐。

阅读,使有限的生命体验更丰富的人生。

一个人只有一个人生,但阅读可以让你体验不同的人生。

阅读,使人有厚积薄发的底气,积极向上的正气。

阅读,宏知天下,微明内心。

用书塑身,受用一生;以书会友,天长地久。

阅读,让我飞得更高。

阅读,使我心如华砚,志比锦鸡(注:新中校园里有华砚湖、锦鸡山)。

阅读,不带名利金钱。

阅读,是一条朝圣路。

阅读,一把衡量生命的尺子。

我阅读,我快乐。

阅读，让心灵迷醉。

心有猛虎，细品美文。

阅读，升华灵魂，点亮人生灯塔。

阅读，追赶伟人的捷径。

阅读，使生活不孤独。

阅读，你会有一面明亮的镜子。

阅读，心灵的鸡汤。

阅读的世界是真善美的集合。

阅读的世界是阡陌交通、鸡犬相闻的桃源圣地。

阅读，让寒冬洒满阳光。

书香是最芬芳的香水。

阅读，为梦想插上翅膀。

阅读，无形的望远镜、显微镜。

阅读，盛开生命之花。

阅读，让人生走得更远。

阅读，让无聊者不再无聊，让幸福者更幸福。

阅读，梦想就在旁边。

没有阅读的生命，正如没有灵魂的躯壳。

腹有诗书气自华。

阅读，能让人侃侃而谈。

阅读就是为了让生活更有乐趣。

阅读照亮希望，希望照亮现实。

每个理念,都有一种阐释。对同学们来说,确立的过程也是阐释的过程,是对自己阅读生活的回顾与思考,从而达到理性的升华。确立阅读理念,是成长的一个标志,有利于同学形成一套自己解释世界的体系。

可以自愿地统一,但不强求,不要怕出错。就算是错误的理念,也可以错一阶段,大量的阅读会矫正错误的。比如"书中自有黄金屋"这个理念,说错就错,说对也对。读书为挣大钱娶美女,不正确。但暂时支撑一下,经过进一步的阅读,也会被导向精神美,最后也会认识到读书是为了自己的全面成长。就算是我们成人,假定已经拥有正确的阅读理念了,也会暂时被别的理念(甚至是错误的理念)动摇、替代一番。

不要把最正确的一下子呈现在他们面前,这是教育的惰性,这不符合试错的成长规律。成长在探索中进行,探索必有试错。我们解析一道习题,不也是试错几次、十几次才得到正确的一次?一次就正确的作业太浅了,没有价值。自己寻找而得到的东西,才是最珍贵的。当学生用学习(也算是一种劳动)、用自己的理解来构筑自己的精神空间时,请教师、家长不要干扰,不要拿自己"绝对正确"的东西去套。当他们经过不断试错,终于取得成果,包括就业,包括交友,甚至包括烧饭洗衣,这才会有成功感,才更有利于成长。得到容易得到的东西,少有成功感。师长强加的理念,他们会逆反。

同样,我们鼓励学生给自己的房间起名字,解释自己的 QQ 名,给自己起个外号。家长请欣赏,勿指责。这是他们的精神苗头,是成长的萌点,是阅读的延伸。

理念的延伸:关于阅读的问答

按照黑格尔逻辑学理论,概念本身有个自我运动的过程,会经过肯定、否定、否定之否定后,不断地成长,达到所谓"自在自为"的层次。阅读理念在一个人内心扎下根后,会不断地延伸,向具体问题求证,具体问题又进一步反向拷问理念。好似顶层设计完成了,改革必须向具体的内容渗透,具体的问题又会对顶层设计进行反证。一来一回,思维不断成熟。

阅读理念延伸到最后,是一部部著作,一篇篇文章,一个个阅读行为。在理念与文章之间,理念本身的延伸包括阅读目的、步骤、方法等内容。在教育实践中,教师经常拿这些问题供学生思考。为此,我们拟了以下问题,归为阅读价值、阅读方法、阅读生活三类,以供参考,也将继续充实。有些问题交叉重复,有些属于方法又属于生活,有些属于生活又属于价值,难以完整归类。许多问题内容多,没有标准答案,这正好引人思考。此外,题面引文也是很好的阅读资料、作文素材,有较高的参考价值。

我们的做法是,把这些问题集中起来,让参选学生面对各位评委回答问题,评委可以循着学生的思路提出新的问题。比如若学生回答时引用《红楼梦》,评委就可以提出"你喜欢红楼梦中的林黛玉还是薛宝钗"。为了减轻面试难度,可先告知相关题目,再分为自选与抽签选题。与其他面试可能有所不同,学生可以反驳老师的观点,只要言之成理。这样,评选的过程也是学习、锻炼的过程。几个回合下来,不仅拓展了知识,而且训练了胆魄、口才,提高了应对面试的能力。好多同学据理发挥,见解独特,思维环环相连,紧追不舍,表现出了探索精神。

在此摘录几句,有些观点是成人眼光不易发现的。

有同学反对只读大师的观点时提出:"如果只读大师的作品,当代大师如何而来? 当代的大师是读者读出来、发现出来的。"

有同学喜欢《红楼梦》,其原因是:"《红楼梦》是中国古代一部尊重女性的文学作品。"这观点引起了争论。

在描述中国读书现状时一同学说:"不读书只搞经济的国家很可怕,读书的国家风气差不到哪儿去。"我们民众读书少的原因是"太多的娱乐活动分散了人们的时间",还有家长、同学甚至教师"把课外书当作闲书,是一种悲哀","中国人太唯物了,导致社会过分有竞争力,要唯心,注重精神层面的东西"。

对"人生是书,书是注释"的阐释是:"所有的书都是解释人生、社会、自然的。这一方面阐述了书籍的来源,另一方面又规定了读书的作用,目的是为了人生这本书。"

在讲到最喜欢的一本书时,好多女学生喜欢《简·爱》。理由是:"简爱不是共享富贵,而是共同抵挡灾难。"评委提问:"与中国式的张生和崔莺莺的爱情故事比较有什么不同?"答:"我们喜欢大团圆,共享富贵。"

在论述如何做个阅读推广者时,一个同学回答:"一是向小学生推广,因为他们是中国的未来,知识要在少年儿童中打下基础;二是向贫困者推广,让他们有平等读书的机会与条件;三是向忙于工作的人推广,尤其是老板们,让他们抽出时间读书。在中国,老板读书很重要。"

这些回答都是具体观察社会、思考人生的结果,有实际意义。尽管以上内容可能参考过书本、网络,但都融入了他们自己的思考。

阅读价值

1. 你对"阅读,永远的好奇,永恒的探索"这个阅读理念怎样理解?

2. 美国作家爱默生说:"人生是书,书是注释。"你对这句话怎样理解? 在阅读、研究经典方面有一种说法,"我注《六经》,《六经》注我"。这句话怎样理解?

3. 李克强总理称赞三联韬奋书店说:"不打烊的书店应成城市精神地标。"一座城市有哪些地标,结合你对阅读的理解,谈谈你对城市与精神地标的认识。

4.作家曹文轩说："我们应当将阅读看成是一种宗教，一种超越任何宗教的一个宗教。"朱永新教授说："一个人的精神发育史就是他的阅读史。"你怎样理解阅读、宗教、精神三者的关系？

5.古人说，"万般皆下品，唯有读书高。"还有什么活动能与读书比高？请你谈谈看法。你对"书中自有黄金屋，书中自有千钟粟，书中自有颜如玉"这个观点赞成吗？怎样理解？

6.古人说，知书达礼。你怎么看？你对"耕读传世久，诗书继世长"，"几百年传家无非积德，第一件好事还是读书"，这些话怎样认识？

7.卡夫卡说："我们应该只去读那些咬人和刺人的书。书如果不能让人有如棒喝般的震撼，何必浪费时间去读？""一本书必须是一把能劈开我们心中冰封的大海的斧子。"你怎样理解这两句话？卡夫卡还说："作者与读者是一种同谋。"结合卡夫卡的作品，请谈谈你的看法。

8.有位德国人说："家庭没有书架，相当于屋子没有门窗。"这门窗比喻什么？请以书架为本体再造一个比喻句。博尔赫斯说："我经常把天堂想象成一座图书馆。"请以图书馆为本体再造一个比喻句。

9.作家杨绛说："读书是为了遇见更好的自己，成为一个有温度、懂情趣、会思考的人。"你对这句话怎样理解？

10.高尔基说："书籍是人类进步的阶梯。"莎士比亚说："书籍是全世界的营养品。"雨果说:"书籍是改造灵魂的工具,阅读是改造灵魂的养料。"毛姆:"养成阅读的习惯,就等于为自己筑起一个避难所。"罗曼·罗兰:"书本是精神上最好的避难所。"阶梯、营养品与避难所这些角度不同,你赞同哪个?请你也用书籍、阅读为主语仿造一个句子。

11.老舍曾经引用一句俗话:"老不读《三国》,少不看《水浒》。"大意是看《水浒》让人凶,看《三国》让人诈,你同意这个观点吗?对"开卷有益"的读书观,有人赞成,有人反对。你的态度呢?

12.古人说:"两耳不闻窗外事,一心只读圣贤书。"现在这样的人还有吗?为什么?

13.有人说,文字是探索用的,是探险用的。你认为呢?怎样理解?

14.古语云:"丈夫拥书万卷,何假南面百城。"意思是一个人如果家中藏有万卷书,何需借百城之官来炫耀自己。现在请用"丈夫拥书万卷"为上句,续写下句。

15.朱光潜先生说:"读书是要清算过去人类成就的总账,把几千年的人类思想经验在短促的几十年内重温一遍,把过去亿万人辛苦获来的知识教训,集中到读者一个人身上去受用。有了这种准备,一个人就能在学问途程上作万里长征,去发现新世界。"你赞同"读千年之书,去发现新世界"这个观点吗?举例说说。

16.作家周国平说:"费尔巴哈说,人就是他所吃的东西。至少就精神食物而言,这句话是对的。从一个人的读物大致可以判断他的精神品级。一个在阅读和沉思中与古今哲人文豪倾心交谈的人,与一个只读明星逸闻和凶杀故事的人,他们当然有着完全不同的内心世界。我甚至要说,他们也是生活在完全不同的外部世界上,因为世界本无定相,它对于不同的人呈现不同的面貌。"有人说,欲知一个人的精神境界,看一个人阅读的书目绝对比看手相星相更准确。请你晒晒,你平时吃的都是哪些精神食粮,给自己看看相,给自己的精神境界打打分。

17. 作家余秋雨说:"阅读的最大理由是想摆脱平庸。一个人如果在青年时期就开始平庸,那么今后要摆脱就十分困难。"你赞同"青年时开始阅读,摆脱平庸"这个观点吗?如果极端地说,"没有阅读,就摆脱不了平庸",这个观点你赞成吗?

18. 台湾作家高希均在他的著作《阅读救自己》中说:"最庸俗的人是不读书的人,最吝啬的人是不买书的人,最可怜的人是与书无缘的人。"请问我们周围有需要用阅读来救自己的人吗?用这三种人来对照,分析分析。法国作家福楼拜说:"阅读是为了活着。"这又是怎么讲?

19. 对于好书、经典很难下定义。

作家毕淑敏说:"好书是在岁月冲刷下沉淀的沙金,很重,不耀眼,却有保存的价值。它是地球上曾经生活过的那些智慧的大脑,在永远逝去之前自立下的思维照片。最精华的念头,被文字浓缩了。好像一锅灼热久远的煲汤,濡养着后人的神经。"

意大利作家卡尔维诺说:"经典是我们常听人说'我在重读

……',而不是'我在阅读……'的那类书。每一次重读经典,就像初次阅读一般,是一次发现的航行。"

有人说,经典就是不断重印的书,经典就是不断重读的书。也有人说,经典就是很少人看、很多人评论的书。反过来,流行读物就是很多人看、没有人评论的书。

这些侧面的、比喻性的描述,形象生动,容易让人接受。请你给好书、经典书也作一个比喻性的描述,或下一个类似的定义。

20.下面是关于读书美容的一些说法。

作家三毛说:"读书多了,容颜自然改变。许多时候,自己可能以为许多看过的书籍都成过眼烟云,不复记忆。其实它们仍是潜在的,在气质里、在谈吐上、在胸襟的无涯,当然也显露在生活和文字中。"

作家毕淑敏说:"读书的时候,人是专注的。因为你在聆听一些高贵的灵魂自言自语,不由自主地谦逊和聚精会神。即使是读闲书,看到妙处,也会忍不住拍案叫绝……长久的读书可以使人养成恭敬的习惯,知道这个世界上可以为师的人太多了,在生活中也会沿袭洗耳倾听的姿态。而倾听,是让人神采倍添的绝好方式。当你把他人的聪慧加上你自己的理解,恰如其分地轻轻说出的时候,你的红唇就比任何美丽色彩的涂抹,都更加光艳夺目。"

作家曹文轩说:"读书可以美容。人类最优美的姿态就是读书,人因阅读而高贵,阅读既可以改变人的内心世界,也可以改变人的外部形象。鲁迅是一位伟大的作家,他个子不高,其貌不扬,身体单薄瘦弱,可他身上有一种力量、气势,甚至让你感到压抑,这些力量都是从书本中来的。当我们面对他的照片时,不禁肃然起敬。"

北宋黄山谷说:"三日不读书,便语言无味,面目可憎。"清人曾国藩说:"书味深者,面自粹润。"古人说:"腹有诗书气自华。"

比较这些读书美容观,你更倾向于哪一种分析? 你自己对读书美容有哪些分析?

21.关于劝读,美国有两位总统谈到过。

总统胡佛曾写《感谢格蕾》,文章大意是教师格蕾小姐教书之外,业余劝导年轻人读书,给 15 岁的少年胡佛借阅了《撒克逊劫后英雄略》,建议他读《大卫·科波菲尔》等书,从此开阔了读书眼界,使他"沉迷于萨克雷、欧文的作品,华盛顿、林肯、格兰特的传记"。他说:"教科书对于学习是必要的,而激发想象力和对人生进一步了解的,则是格蕾小姐介绍的另外一些书。他们容四海于一家,增广我的见闻,使我自觉成为人类巨大潮流的一部分。"此后格蕾小姐继续向他推荐读书,"这批书使我永远记着格蕾小姐。谢谢你,格蕾小姐"。你在生活中有没有碰到格蕾小姐式的劝读者? 有什么感受?

美国另一位总统尼克松记述他得到最好的建议时说:"我在 1965 年访问澳大利亚的时候,罗伯特·门齐斯首相告诉我,他一天内总是抽出半小时,在星期六和星期天抽出一小时来读书消遣,并劝我也这样。我从来没有得到比这还好的建议! 一位总统不应当那么受累去读他不得不读的东西,以致没有时间去读他想读的东西。"你接到过这样的劝读吗?有没有你想读而没时间读的书?为什么想读?为什么没时间?翻出来晒晒。

22.扔书是一件痛苦的事,听听作家们是怎么说的。

台湾作家余光中先生说:"好书出头,坏书出局。"

作家韩少功说:"会读书的人一定会扔书。我的经验是,可扔可不扔的书,最好扔;可早扔也可迟扔的书,最好早扔。不用说,这些书只是一些文化糟粕,一些丑陋心态和低智商的喋喋不休,即使闲置书架,也是一种戳眼的环境污染,是浪费主人以后时光和精力的隐患。"

作家周国平说:"每次搬家,都要清一批书。许多书只是在这时才得到被翻看一下的荣幸——为了决定是否要把它们废弃掉。"如果不扔掉,"结果必然是把时间都耗在这些较差的书上,而总也不能开始读较好的书了。于是,对得起他们的代价是我始终对不起自己"。

作家余秋雨说:"今天,我们面前的书太多了。因而,一个好的读书人同时应该是一个很好的'淘书者'。这里的淘书指'淘汰'——也就是要不断扔掉自己的书。"

德国哲学家叔本华说过:"有无数坏书,像蓬勃滋生的野草伤害五谷。这些书原是为贪图金钱、企求官职而写作的,却使读者浪费时间、金钱和精力。因此,它们不但无益,而且为害甚大。"

你扔过书吗?有内疚吗?用什么理由把该书扔掉?

23.作家曹文轩认为："一个孩子如果不能使他回到经典性的文字，而长期沉落于这些轻飘的、快乐的、没有忧伤的文字，我怀疑这种阅读在建构孩子的精神世界和培养孩子优良的心理素质方面，它起到一个怎么样的作用？"对这句话怎样理解？你有这方面体会吗？

24.要读哪些书？我们通常听到要读经典的劝告。

作家周国平就说："要读好书，一定要避免读坏书。所谓坏书，主要是指那些平庸的书。读坏书不但没有收获，而且损害莫大。一个人平日读什么书，会在内听觉中形成一种韵律，当他写作的时候，他就会不由自己地跟着这韵律走。因此，大体而论，读书的档次决定了写作的档次。"

叔本华说过："无论何时，都会出现很多这样的通俗作品，却使读者倒了霉，他们把阅读这些庸俗作家的最新著作当做自己的义务，而不是阅读古今中外为数不多的杰作——其中那些每天出版的通俗刊物尤为缺德，偷偷夺去了世人宝贵的光阴，使他们无暇顾及真正有益于修养的作品。"

但也有不同的声音。作家邓友梅在《读书的兴趣》一文中说："凡我认真做过分析、研究、正襟危坐要学习的好书，多半不留什么印象。倒是那些随意而读、兴趣极浓、全心投入、不抱什么学习借鉴目的而读的'闲书'，久久不忘，在我写作时有形无形得到了帮助。读托尔斯泰、巴尔扎克自然高尚，读梁羽生、琼瑶也没什么不应当。文学的欣赏水平是逐步提高的，只要内容健康，管它是通俗文学还是纯文学,够水平还是不够水平,哪本读来有趣读哪本,自己满意就好。"

怎样理解这两种阅读?你属于周国平、叔本华式阅读,还是邓友梅式阅读?

25.作家郑振铎写过一篇文章叫《烧书记》,里面记述了从秦始皇开始烧书,此后一直有许多烧书(禁书)的行为。还描述了日本侵略者火烧开明书店的场景,作家寄存于书店的一百多箱古书"被烧得片纸不存"。后来,敌占区烧毁有关抗日的书籍、杂志、日报等。请同学们分析,为什么有这么多的烧书行为?为什么这么烧还是烧不完?

26.鲁迅曾说:"讲扶乩的书,讲婊子的书,倘有机会遇见,不要皱起眉头,显示憎厌之状,也可以翻一翻;知道和自己意见相反的书,已经过时的书,也用一样的办法。"你是怎样选择读书内容的?怎样理解鲁迅的话?

27.1981年,联合国教科文组织的专家在50个国家数万名读者的抽样调查中,将优秀书刊的标准制定如下:①阅读者最多,经久不衰的畅销书;②通俗易懂,面向大众;③不会落后于时代,不因政治风云的改变而失去其价值;④隽永耐读;⑤有影响力,有启发教益;⑥探讨人生长期未解决的问题,在某个领域有突破性意义的进展。以上六条,你赞成几条,反对几条,说说道理。

28.1995年,联合国教科文组织宣布4月23日为"世界读书日"。据说,世界读书日来源于西班牙加泰罗尼亚地区的一个传说：美丽的公主被恶龙困于深山，勇士乔治只身战胜恶龙，解救了公主，公主回赠给乔治的礼物是一本书。4 月 23 日成为"圣乔治节"，现在据此设立读书节，别有深意。请说说公主送给勇士乔治一本书的意义是什么？

阅读方法

1. 对于大师、经典，有不同的读法。作家周国平说要"阅读原著，直奔大师"，北大教授王余光则说"阅读，与经典同行"。但也有人说要阅读通俗读本或经过介绍而接触大师作品。你怎么看？

2. 有人反对死记硬背，有人则说，读书百遍，其义自现。你的观点呢？林语堂先生曾说："先生不能以其所好强学生去读，父亲亦不得以其所好强儿子去读。所以书不可强读，强读必无效，反而有害，这是读书之第一义。"结合我们生活实际，你怎样看待硬背、强读现象？

3. 有人说："学海无涯苦作舟。"也有人反说："学海无涯乐作舟。"你怎么看？

4. 你对"读万卷书，行万里路"这句话怎样理解？《礼记·中庸》中有这样的话："子曰，博学之，审问之，慎思之，明辨之，笃行之。"请以此谈谈读（学）与行的关系。

5. 中国阅读学研究会会长徐雁教授提倡"大阅读"。他说："这种'大阅读'的关键是'读有字书，悟无字理'与'读无字书，悟有字理'这两种读书、思考方式的有机结合。"这对你有何启示？

6.请你说说，读与写是怎样一种关系。胡适先生说："读书单靠眼到，口到，心到，还不够的；必须还得自己动动手，才有所得。"古人说，不动笔墨，不看书。对此，你有哪些体会？

7.教师要求学生阅读时要深入理解，"打破砂锅问到底"。清代教育家陆世仪说："读书不能穷理，俱是玩物丧志。"而陶渊明居然说："好读书不求甚解。"南宋教育家陆九渊说："读书切戒在慌忙，涵泳工夫兴味长。未晓不妨权放过，切身须要急思量。"也有人说，"我思故我在，我用故我能"。你怎样认识这几种读书法？你赞成哪一种？

8.孟子说过："故说诗者，不以文害辞，不以辞害志。以意逆志，是为得之。""以意逆志"就是要用自己的思想感情去揣摩、领会、把握作者的意思。请从正反两方面谈谈这种读书法。

9.孟子说过："尽信书不如无书。"教育家苏霍姆林斯基说过："无限相信书籍的力量。"也有人说："读书随处净土，闭门即是深山。"你有这几方面的体会吗？谈谈你对这些话的理解。

10.中国有句老话说："书不尽言，言不尽意。"意思是书不能说尽道理、事物，说的事物也无法穷尽心中的想法。古人说："诗无达诂。"这是阅读与写作共同的遗憾。你能否举例谈谈这方面的体会？

11.近来，对网络、电子文档阅读与纸质阅读的看法，意见纷纷，褒贬不一。对此，你怎么看？电子信息时代、手机时代，阅读随时随地进行。有人说,这是阅读的进步,有人说,这是阅读的退步。你认为呢?

12.有人说:鸡蛋,从外打破是食物,从内打破是生命。人生亦是,从外打破是压力,从内打破是成长。要想不被从外打破,读书很重要。为什么说从内打破是成长?为什么说读书是从内打破?

13.蒙田说过要把"书籍与作者结合起来阅读",他说,"并不是我在塑造我的作品,而是我的作品在塑造我。一本书与作者是合而为一的,与自我密切相关,也是整体生存的一部分。任何人都能从我的书中认识我,也从我身上认识我的书"。谨以此为话题,从"文如其人"与"人如其文"的角度谈谈作家(者)与作品的关系。

14.曾国藩曾说,读书与看书不同,"看者攻城拓地,读者如守土防隘,二者截然两事"。学者余英时说:"精读的书给我们建立了做学问的基地。有了基地,我们才能扩展,这就是博览了。"朱光潜先生说:"与其读十部无关轻重的书,不如以读十部书的时间和精力去读一部真正值得读的书;与其十部书都只有泛览一遍,不如取一部书精读十遍。"结合他们的观点,并就当前书海茫茫的现状,请你就精读与泛读谈谈看法。

15.有人说,读书应当不懂就问,有人则反对。比如叶圣陶先生曾说:"直到自己实在没法解决,才去请教老师或其他的人。因为阅读是自己的事,像这样专靠自己的力才能养成好习惯,培养真能力。"反对者则认为,浪费时间。你认为呢?在互联网时代,我们怎样处理好读与问的关系?此外,怎样看待阅读中喜欢"钻牛角尖"的同学?

16.宋朝哲学家张载说:"读书先要会疑。于不疑处有疑,方是进矣。在可疑而不疑者,不曾学。学则须疑。"宋代大学者朱熹说:"读书,始读未知有疑;其次,则渐渐有疑;中则节节有疑。过了这番,疑渐渐释,以至融会贯通,都无所疑,方始是学。"清代大学者王夫之说:"由不疑至于疑,为学日长;由疑至于不疑,为道日固。"明代教育家陈献章说:"前辈谓学贵知疑。小疑则小进,大疑则大进。疑者觉悟之机也,一番觉悟,一番长进。"举例理解这几位哲人的话。

17.有人说,朗读收效大,有人说,默读收效大。你认为呢?有人说,最佳的方法就是持续默读。"随手拿起一本书,一张报纸,一本杂志,然后好好享受阅读之乐吧。不必受提问、作评估或写报告的干扰,纯粹是为了兴趣而阅读。"这就是持续默读。持续默读基于一个简单的原则:阅读是一种技巧,越常使用就越熟练,越少使用就越生疏越困难。你有持续默读的习惯吗?你对这种习惯如何评价?

18.古人说:听君一席话,胜读十年书。你有过这种体会吗?这说明"一席话"有分量,是不是反证"十年书"不重要?请你谈谈"一席话"与"十年书"之间的关系。

19.冯友兰先生曾说,阅读经典一方面是要"照着讲",同时也要"接着讲"。对此,你是怎样理解的?他还说:"会读书的人能把死书读活,不会读书的人能把活书读死。把死书读活,就能把书为我所用,把活书读死,就是把我为书所用。能够用书而不为书所用,读书就算读到家了。"你同意这个观点吗?请你举例说明。

20.曾国藩曾说:"刚日读经,柔日读史。"南怀瑾先生说:"亢阳激扬,刚也;卑幽忧昧,柔也。"有人理解为,骄躁激越时,读经舒缓心情;平缓烦闷时,读史激发心志。然而冯友兰把它反过来变为"刚日读史,柔日读经",赠送给李泽厚,这又怎样理解?对这句话,你还有不同的理解吗?

21.胡适在他的《读书》一文中写道:"你们记得达尔文研究生物进化的故事吗?达尔文研究生物演变的现状,前后凡三十多年,积累了无数材料,想不出一个简单贯串的说明。有一天他无意中读马尔萨斯的人口论,忽然大悟生存竞争的原则,于是得物竞天择的道理,遂成一部破天荒的名著,给后世思想界打开一个新纪元。"请你再举出读别人书给自己灵感的例子。

22.作家陈染说:"世上的读书人大致有书主和书奴两类。"她认为,被迫读书是书奴,快乐忘情读书是书主。你是哪一种?为什么?

23.有人说,熏陶与冲撞,是两种阅读方法。熏陶重在潜移默化,冲撞者则喜欢激烈的争论,喜欢充分对立。对此,你怎么看?有人说,中国人阅读重熏陶,西方人阅读重冲撞。你认为呢?

24.叔本华在读书上提出:"读书时,作者在代我们思想,我们不过在追循着他的思绪,好像一个习字的学生在依着先生的笔迹描画。我们自己的思维在读书时大部分停止了,因此会有轻松的感觉。但就在读书的时候,我们的头脑实际上成了他人思想驰骋的运动场。所以读书甚多,或几乎整天在读书的人,虽然可以借此宽松脑筋,却渐渐失去自行思想的能力,就像时常骑马的人渐渐失去步行的能力一样。有许多学者就是这样,读书太多反而变得愚蠢。"周国平先生说:"自我是一个凝聚点。不应该把自我溶解在大师们的作品中,而应该把大师们的作品吸收到自我中来。对于自我来说,一切都只是养料。"日本的山本玄绛禅师说:"一切诸经,皆不过是敲门砖,是要敲开门,唤出其中的人来,此人即是你自己。"看了这几句话,结合《论语》"学而不思则罔,思而不学则殆"的观点,请谈谈对勤奋学习的理解与体会。

25.周国平先生说:"认真说来,一个人受另一个人(例如一位作家、一位哲学家)的'影响'是什么意思呢?无非是一种自我发现,是自己本已存在但沉睡着的东西被唤醒。对心灵所发生的重大影响绝不可能是一种灌输,而应是一种共鸣和抗争。无论一本著作多么伟大,如果不能引起我的共鸣和抗争,它对于我实际上是不存在的。"结合这一段话,回忆一下你在阅读时产生过哪些共鸣或抗争。

26.作家池莉曾经描述说:"一般读书人大多有种要命的虚荣心:唯恐自己不知道某本名著,唯恐自己不会引用一两句名著名言。否则,就怕人认为自己没学问,若是怀揣这种虚荣心去读书,最多读成个'金玉其外、败絮其中'的货色,仍是百无一用。"池莉的话有道理吗?怎样理解这种心态?请说说。

27. 时评家梁厚甫说："如果家内有人打麻将，自己就不能看书，这样的借口，实在太过牵强了。一个真正肯读书的人，不仅旁边有人打麻将可以看书，甚而旁边有人打架，也可以看书。"你能做到吗？你同意这种观点吗？

28. 美国作家爱默生说："阅读是有创造性的，写作也是有创造性的。当心灵被劳动与创作所充裕时，我们所读的任何一页书都会明晰易懂、含蕴丰富，每个句子都意义倍增，作者的理念也天高地阔起来。"如何理解"心灵被劳动与创作所充裕时"的阅读？

29. 英国作家毛姆说："最好，你还是随自己的兴趣来读，我也不劝你一定要读完一本再换另一本。就我自己而言，我发觉同时读五六本书反而更合理。"这与我们平时说"饭要一碗一碗吃，书要一本一本读"的说法相矛盾吧，请谈谈你的理解。

30. 朱光潜先生在谈到年轻人要怎样读书时说："不能通就不能专，不能博就不能约。先博学而后守约，这是治任何学问所必守的程序。我们只看学术史，凡是在某一科学问有大成就的人，都必定于许多它科学问有深广的基础。"你赞同朱先生的观点吗？请你举例证明渊与博的关系。

31. 宋人陈善在《扪虱新语》中说："读书须知出入法。初当求所以入，终当求所以出。见得亲切，此是入书法；用得透脱，此是出书法。盖不能入得书，则不知古人用心处，不能出得书，则又死于言下。唯知出知入，乃尽读书之法也。"请你举例谈谈出入读书法。

32. 余光中先生说："翻开一本书，任看一两段，如果文字都不清通,甚至根本不通,这样子的书大概好不了,不买也不可惜。一本书要是有前序后跋之类,一定不可错过。好作家写的序跋,没有不精彩的;坏作家的马脚在序言里就迫不及待地露出来了,总不外是自谦的滥调或者自大的妄言。"这是怎样买书的方法?请谈谈你是怎样买书的,支几招。

33.作家孙犁说:"文学非同科学,有时是可以无师自通的,只要个人努力。读书也没有准则,只有摸索着前进。"怎样理解"读书没有准则"的观点?

34.关于做读书卡片,有不同的看法。朱光潜先生说:"记忆力有它的限度,要把读过的书所形成的知识系统,原本枝叶都放在脑里储藏起来,在事实上往往不可能。如果不能储藏,过目即忘,则读亦等于不读。我们必须于脑以外另辟储藏室,把脑所储藏不尽的都移到那里去。这种储藏室在从前是笔记,在现在是卡片。记笔记和做卡片有如植物学家采集标本,须分门别类订成目录,采得一件就归入某一门某一类,时间过久了,采集的东西虽极多,却各有班位,条理井然。这是一个极合乎科学的办法,它不但可以节省脑力,储有用的材料,供将来的需要,还可以增强思想的条理化与系统化。预备做研究工作的人对于记笔记和做卡片的训练,宜于早下工夫。"

有人不赞成都要做卡片。作家余秋雨说:"读书有一个经常被传授的方法,那就是勤奋地做读书卡片。读到自己有兴趣的观点和资料,立即抄录在卡片上,几个月之后把一大堆卡片整理一番,分门别类地存放好，以后什么时候要用，只要抽出有关的一叠，自己也就可以获得一种有论有据、旁征博引的从容。这种方法，对于专业研究、论文写作是有用的，但不适合青年学生的课外阅读。从技术上说，课外阅读的范围较大，又不针对某个具体问题，卡片无从做起，即使做了也没有太大用处，白白浪费了许多阅读时间。如果要摘录隽语佳句，不如买一本现成的《名人名言录》放在手边。技术上的问题还是小事，最麻烦的是，做卡片的方法很可能以章句贮藏取代了整体感受，得不偿失。一部好的作品是一个不可割裂的有机整体，即使撷取了它的眉眼，也失去了它的灵魂。"

你认为呢？结合现在电脑网络普及的现实，请谈谈你的看法、方法。

35.政论家邹韬奋说："我所看的书，当然不能都背诵得出，看过了就好像和人分手，彼此好像都忘掉。但是当我拿起笔来写作的时候，只要用得着，任何文句或故事，它竟会突然出现于我的脑际，驰驱于我的腕下。"作家余秋雨也这么说："阅读的记忆力有一种严格的选择功能，书中真正深切触动你的内容，想丢也丢不掉。记不住当然是大量的，但记不住的内容又分两个部分，一部分是真实的遗忘，一部分是无形的沉潜。无形沉潜的那部分，我想大家都有过体会。在一定场合，由于一定的需要，居然把多年前早就淡忘了的印象搅动起来了，使自己也大吃一惊。"你有这方面的体会吗？说一说内容。

36.美国作家尼尔·布朗分析过海绵式与淘金式阅读方式，大致意思是,海绵式在吸收知识时速度快,容量大;而在筛选信息,让自己变为思想者时,需要淘金式。"海绵式的思维,瞩目于对知识的获取;而淘金式的思维,则着重在对其所获得的知识的积极互动。这两种方法,自可以互为补充。"这些比喻的说法很生动,请你谈谈这两种方法的具体运用。同时,尝试对于钻探式、挖洞式、聚沙式、筑巢式、滚雪球式、搭桥式、结网式等阅读比喻进行分析。

37. 朱光潜先生说过,"过目"的虽多,"留心"的却少,譬如饮食,不消化的东西积得愈多,愈易酿成肠胃病。他说:"许多初学者贪多而不务得,在无足轻重的书籍上浪费了时间与精力。"你有这种体会吗? 说一说你"过目"而未"留心"的书籍或文章。

38. 有人说:"不读书的人,往往死于精神饥渴;乱读书的人,大半死于思想中毒。"举例说说哪些书会使人中毒。

39. 有人说,读书要居高临下,像老师审查学生作业一样去读书。有人说,读书要高山仰止,以虔诚的态度,焚香沐浴后再读。你有居高临下或高山仰止的读书体会吗?

40. 从小学开始老师就强调读书姿势,然而作家对此各有看法。

刘心武总结他的读书经验时说:"是的,我读书几乎必卧,但也有坐读乃至正襟危坐而读的时候。可是说来奇怪,凡读得入心的、留下深刻印象的、至今回味无穷的书,确确乎是取卧读姿势的居多。像列夫·托尔斯泰的四大本《战争与和平》、雨果的四大本《悲惨世界》、米·肖洛霍夫的四大本《静静的顿河》、罗曼·罗兰的四大本《约翰·克利斯朵夫》……以至恩格斯的那本《反杜林论》,我都是躺在床上读完的。"

作家邓拓说:"有的人说,姿势问题只是外表现象,与内在精神无关;我们有饱满的精神,努力钻研学问,顾不上什么姿势问题。这种论调,似乎很有劲,精神可嘉,而实际上是非常有害的。姿势问题在本质上说,恰恰是精神状态的一种反映。试想一想,如果摆着东歪西斜的凌乱散漫的种种姿势,这算是什么样的精神状态呢?"他还说:"即使我们现在不一定都要强调像古人那样'正襟危坐',但是,能够坐得端端正正,也绝无害处,只会有好处。"

两种观点正好相反。你怎么看?请调查周围同学,有多少人读书有卧读习惯,他们的阅读效果如何?有没有沐浴焚香再读书的?

41.诗人臧克家说:"我读书,只欣赏,不研究。窥多门,不专一。王国维引古人词句设论研究学问的三阶段,我是明了它的意义所在,可是我读书所走的路子,仿佛有点像'五柳先生'陶渊明的读书不求甚解。"学者夏丏尊说:"我向无对于任何一问题作高深研究的野心,因之所买的书范围较广,宗教、艺术、文学、哲学、历史、生物,各方面差不多都有一点儿。"作家三毛说:"我不刻意去读书,在这件事上其实也不可经营。书本里,我也不过是在游玩。"这些观点你赞成吗?怎样理解这些名家的观点?

阅读生活

1.2012 年 11 月,十八大首次将"全民阅读"列入党的工作报告中。2014 年的人大会议,首次在政府工作报告中写入"全民阅读",我们已经进入全民阅读的立法阶段。早在 20 世纪 70 年代初,联合国就确立了"阅读社会"的概念,80 年代美国有了"阅读大国"的提法。你对我们提倡"全民阅读"有什么看法? 我们能成为"阅读大国"吗?

2.习近平总书记在接受俄罗斯记者采访时介绍他爱好阅读。他说:"现在,我经常能做到的是读书,读书已成了我的一种生活方式。读书可以让人保持思想活力,让人得到智慧启发,让人滋养浩然之气。"请你谈谈,读书对你的生活方式有哪些影响?

3.发达国家 5 万人一个公共图书馆,我们国家是 50 万人一个公共图书馆,对比之下,你怎样理解? 我们人均年读书量不到 5 本,发达国家是我们的五六倍,以色列是全世界人均年读书量最多的国家,达到 64 本。对此,你怎么看?

4.作家毕淑敏说:"世界变得越来越奢华,许多人其实越来越喜欢朴素俭省。不过读书这件事,还是建议大家奢侈一点。多读书学习,让我们的精神年轻,心情愉快。"为什么说"读书这件事,还是建议大家奢侈一点"? 30 年前商品经济刚起步时,有人说,这个年代读书,是一种奢侈。结合毕淑敏的话,你怎样理解读书奢侈的说法?

5.诗人公刘说:"他最珍爱的名词是'书香'。书香,是弥漫于这个可爱复可恼的地球上唯一一令我迷醉的气息。书香门第,它标志着一种无与伦比的对精神高贵的追求。"翻译家柳无忌说:"我特别爱好书香这个形容词,它与铜臭有一强烈的对照。"中国阅读学研究会会长徐雁教授说:"一种家风是书香。"他经常引用一句话,"花香何及书香远,美味怎比诗味长"。有人给书香社会一个标准:当这个社会不是嘲笑你钱少,而是嘲笑你连基本的书都没读过,这个社会就进入了书香社会。社会、家庭、学校都需要书香,请你也给书香社会、书香门第、书香校园一个说法。

6.作家孙犁曾经在《野味读书》中说:"我曾寒酸地买过书:节省几个铜板,买一本旧书,少吃一碗烩饼。也曾阔气地买过书:面对书架,只看书名,不看价目,随手抽出,交给店员,然后结账。经验是:寒酸时买的书,都记得住。阔气时买的书,读得不认真。读书必须在寒窗前,坐冷板凳。"他的观点你赞成吗?你有这种体会吗?结合当前物质丰富、书籍繁多、网络强大等特点,谈谈你的看法。

7.评论家时寒冰说:"读书最忌太功利化——需要什么就去读什么书,唯恐读了与自己的利益或追求关系不大的书而耽误了时间、浪费了金钱。很多人吃顿饭大方到一掷千金,买本书却再三掂量。时间的因素、金钱的因素,导致现在的国人读书越来越少。媒体披露的统计数据表明,每年,中国人用于书报消费的纸张人均10

公斤,美国是 146 公斤;中国人均购书开支 4 美元,美国为 120 美元;中国人均消费图书 0.7 本,日本则是 30 本……"对此,你有什么看法?

8.有人说,在这个世界上只有两种东西是接近上帝的,一种是诗,一种是音乐。有一位诗人说,让一部分人先诗意起来。你认为有理吗? 怎样让自己诗意起来?

9.英国作家毛姆在谈"为乐趣而读书"的话题时曾说:"我想谈的都是真正的杰作,这些书长久以来就被一致公认为了不起的作品,我们大家都被假定为早已读过它们,可悲的是,其实只有很少人真正读过。但也有一些杰作,所有最好的批评家都已予以定评,它们在文学史上也已有了不朽的地位,可是,除了文学专业者仍将它们视为经典之作外,今天大多数的人已无法再以享受的心情来阅读这些书。"这些体会你有吗? 请你谈谈看法。

10.孔子读《易》,韦编三绝。宋太宗每天读书两卷,漏了一天则追补,他说:"开卷有益,朕不以为劳也。"古人还有许多勤奋读书的例子,请用成语举例。

11.有人说:"学习速度慢于变化速度等于死亡。"请从阅读角度谈谈你对这句话的理解。

12.林语堂在《读书的艺术》一文中说:"在读书上,一个教员不能强迫他的学生爱其所爱,一个父母也不能期望他的子女有他们同样的志趣。"你是怎样看读书的传承关系的?

13.作家刘心武针对美国作家陈若曦随笔集《无聊才读书》,提出"有聊才读书"的观点。他认为:"无论'百无聊赖',还是'百有聊赖',不去寻求别的解脱法而首先想到读书,总是一桩好事。"用读书解脱无聊,而不是麻将、饭局、舞厅,这是无聊才读书的积极意义,而有聊才读书指的则是生活太淤塞、紧张,需要轻松,需要用阅读化解、调剂。你赞成哪一种观点?请论述。

14. 在读书赚钱这个话题中,励志专家陈安之在他的《成功,就是多读一本书》中叙述这样一件事。他问一个成功的企业家:"到底怎么样使你赚了这么多钱?"对方回答说:"不少人只看到我赚钱的结果,但是他们不知道我赚钱的根本原因。我之所以今天会拥有这么多的资产,是因为我不断地学习、不断地阅读。"诗人公刘在《读出书之味》中说:"何况,这个世界本来就荒谬。首先,有钱人一般都不爱读书,读书人却又往往没有钱。这似乎是一条悖律。"这两个观点,你赞同哪一个?

15. 毕淑敏曾说:"'淑'字,温和、善良、美好之意。好书对于女人,是家乡的一方绿色水土。离了它,你自然也能活,但与书隔绝的日子,心无家园。半生过下来,女人就变得言语空虚、眼神恍惚、见识短浅了。"由此,她得出结论,"淑女必书女"。你同意这个结论吗?谈谈你对淑女与书女之间关系的理解。

16. 美国作家爱默生说:"毋庸置疑,存在一种正确的读书方法,这就是让书籍严格地服从读者的需要。'思想的人'不能受制于工具,书本是学者用来休憩的。当他能直接理解上帝的意旨时,他就大可不必浪费宝贵的时间去嚼他人嚼过的馍。"这与博览群书的阅读观点不是有矛盾吗？如何理解这段话？你有什么体会？

17.英国作家毛姆说："请别以为快乐就是不道德，所有的快乐本身都是很好的，只是它所造成的后果，常使敏感多虑的人想要逃避。快乐并不需要下流或肉欲，往昔的智者们都认为只有知性的快乐最令人满足而且最能持久。养成阅读的习惯实在是受用无穷，很少运动能让你在过了盛年之后仍能从其中获得满足。"你赞同知性的快乐这种阅读观吗？请描述。

18.英国作家塞缪尔说："好书即为金玉良言与思想光华之总成，令人感铭于心，爱不忍释，成为我们相随之伴侣与慰藉。菲利浦·西德尼爵士言，'与高尚思想相伴者永不孤独'。"歌德说："读一些好书是和许多高尚的人谈话。"请以读书孤独与不孤独为话题，谈谈看法。

19.以色列人给书涂上蜂蜜，让刚出生的小孩爬去舔，以此引导孩子爱书。你对这种习俗怎么认识？你认为幼儿读书引导还有其他方法吗？

20.作家三毛读书入迷，她说："也有这么一个不常见的朋友，不巧见了面，问候三两句，立即煮茶，巴山夜雨，开讲彼此别后读书心得。讲到唇焦舌烂，废餐忘食，筋疲力尽，竟无半句私人生活。时间宝贵，只将语言交给书籍幻境。"你有这样的朋友与经历吗？请叙述。

21.作家贾平凹说："好读书就得受穷，好读书就别当官，好读书必然没个好身体。还有好读书不是好丈夫，好读书没有好人缘，好读书性古怪。"请你也来列举出好读书的坏处。

22.作家王安忆说:"一个人要读书,应该在 20 岁的时候就养成这个习惯。像我们小时候看书,根本不理解,也没什么思想负担,就是拼命读,管它懂不懂,但这段时间训练了我们阅读的习惯,这种习惯就像婴儿吞咽的习惯一样。用医生的话来说,这个吞咽的习惯如果错过了 1~3 岁这个阶段,可能就再也学不会了。"多少岁养成习惯,各有各的看法。有人说七八岁,有人说十三四岁,也有人说年岁大了再秉烛而读也行。你认为呢? 请你说说理由。

23.三毛说:"出国几年回来,藏书大半零落。我猜偷书的人就是家中已婚手足,他们喊冤枉,叫我逐家去搜,我去了,没有搜出什么属于自己的旧书,倒是顺手拎了几本不属于自己的书回来。这些手足监视不严,实在是很大的优点。"美国作家罗森布莱特说:"借书者会觉得,书一旦落在自己手中,那就属于自己了。从此,他会彻底忘了借书这一回事,当然也不会有丝毫的罪恶感。"古代有人说,窃书不算偷。你认为呢? 你有窃书、借书据为己有的念头吗?

24.下面是关于残篇阅读的一些描述。

作家邓友梅回忆自己读《红楼梦》的过程:"(战争时期)从地主家捡到一本没头没尾的小说,读了许多遍,很有兴趣却不知是何书名。后来想当作家,学习古典文学又碰到了这一段书,才知它是《红楼梦》的第七回到第十一回。非常惭愧的是,我仍用读武侠小说、言情小说的态度读它们,只读得入迷而不知严肃认真地去学习它们的思想与艺术。后来我进了中央文学讲习所,这才系统地学习文学知识,这才懂得讲清一篇小说要研究它的时代背景、作家生平、主题思想、章法结构、艺术风格、语言特点……自己觉得有了学问,学会了读书的方法。可惜从此读书成了苦差,再没有以前读书那种完全投入、如醉如痴的快感了! 可谓有得有损。"

作家冯骥才在《无书的日子》中说:"半本《约翰·克利斯朵夫》几乎叫我看烂,散页中的中外诗词全都烂熟于我心中。然而,读这些无头无尾的残书倒别有一种体味,就像面对残断胳膊的维纳斯时,你不知不觉会用你自己最美的想象去安装它。书中某一个人物的命运由于缺篇少章不知后果,我并不觉得别扭,反而用自己的想象去发展它、完成它。我按照自己的意志为它们设想出必然的命运变化和结局,我感到自己就像命运之神那样安排着一个个有意味的生命历程。"

冰心说:"(《聊斋志异》)看得我有时欢笑、有时流泪,母亲说我看书看得疯了。不幸的《聊斋志异》,有一次因为我在澡房里偷看,把洗澡水都凉透了,她气得把书抢过去了,撕去了一角,从此后我就反复看着这残缺不全的故事,直到十几年后我自己买到一本新书,才把故事的情节拼全了。"同学们对那种没书读的情境没有体会,而有人认为这是饥饿疗法、"且听下回分解"的悬念法,正是书少、没书读才有了这么多的想象力和创造力。你认为呢?

25.三毛曾说:"借的书是来宾,唯恐招待不周,看来看去就是一本纸,小心翼翼翻完它,仍是见山是山、见水是水,不能入化境。"

但有人说,书非借不读也。怎样理解他们不同的观点?

26.借书给别人,是读书人常碰到的。

诗人臧克家说:"先前,朋友们向我借书,我珍重地交出去,并且一再叮咛,要准时'完璧归赵'。结果呢,一催二追,书才回来,三大本精装《元曲选》,剩下了上下两本;三大本《莎士比亚全集》虽然全回来了,一束页子却脱离了它的母体。我心痛,没话可说。从此之后,朋友有开口借书的,我直言相告:'借书如借命。'也不讲什么理由,也顾不上朋友们高兴与否了。"

作家三毛说:"不喜欢人向我借书。每得好书,一次购买十本,有求借者,赠书一本,宾主欢喜。我的书和牙刷都不出借,实在强求,给人牙刷。"

资深书评家、《纽约时报》撰稿人阿纳托勒·布罗亚德说:"暑假正是读书的好时候,于是我的朋友们都跑来跟我借书,因为我的书比别人多。他们可没意识到,我借书出去的时候心里有多么痛苦。他们也不明白,我忍着死一般的痛苦把爱、真理、美、智慧和安慰借给他们。同样他们也不知道,我对借出去的书,就好像大多数父亲对未婚同居的女儿的感情。"

有一位叫罗伯逊·戴维斯的作家写道:"我总是在书中夹上一张标签,上面写着詹森博士的警句:'忘记,或者装作忘记归还别人的书籍,是最为卑劣的一种小偷小摸行为。'我不知道那些偷窃我的书籍的卑劣之徒们,是否需要忍受良心的谴责,才能忘却我夹在书中的标签上的语句。"

有人说:"世上再也没有比有人正虎视眈眈地盯着你的宝贝书更可怕的事情了。"

怎样理解这些名人对借书的小气态度?还有其他例子吗?

27.关于书呆子的看法。

作家柯灵说:"我真愿意成为十足的'书迷'和'书痴',可惜还不够条件。"

学者王力:"书呆子自有其乐趣,也许还可以说是其乐无穷。我没有达到纯呆的境界,不敢妄拟,怕的是唐突呆贤、污蔑呆圣。但是我敢断言,书呆子是能自得其乐的。不然,难道巢父、许由、务光、严子陵、陶渊明、林逋一班人都是整日地哭丧着脸不成?只有冒充书呆子的人是苦的,身在黉宫,心存廊庙;日谈守墨,夜梦飞黄。事实上,做书呆子也是很难的。即使你甘心过那种'田园一蚊睫,书卷百牛腰'的生活,你的父母、兄弟、妻子,甚至表兄的连襟的干儿子,却都巴望你'朝为田舍郎,暮登天子堂'。"

三毛说:"念书人,在某种场合看上去木讷。"

在我们的生活周围,有没有书呆子?做书呆子有哪些条件?你有没有书呆子的味道?有没有冒充过书呆子?有没有骂过书呆子?说说你对书呆子的体会。

28.对照一下以下读书人的怪异心理,你有没有类似心理?你怎样看待这些心理?

看到一张报纸坐在别人的屁股下,心里就不舒服。如果自己有一张白纸,就会送过去给换出来。请描述这种心态。

看不得别人折书,会因别人折书而送给他书签。请描述这种心态。

买书,便宜的,就认为书好,质量高,买下。价格贵的,就认为质量也不怎样的。请描述这种心态。

一个朋友 B 君向 A 君借了一本书给他妻子看,结果他们夫妻离婚了,这本书被他的妻子带走了。A 君知道后责问:你们是怎么分割财产的。请描述这位 A 君的心态。

29.为什么要藏书呢?

学者季羡林曾说:"有的年轻人看到我的书,瞪大了吃惊的眼睛问我:'这些书你都看过吗?'我坦白承认,我只看过极少极少的一点儿。'那么,你要这么多书干吗呢?'这确实是难以回答的问题。我没有研究过藏书心理学,三言两语,我说不清楚。我相信,古今中外爱书如命者也不一定都能说清楚。即便说出原因来,恐怕也是五花八门的吧。"

作家拉宾诺维奇记述一位藏书家的观点:"藏书者都不堪忍受的问题:这么多的书难道你都看过吗? 如果有人问你是不是把这些书都看完了,那就表明你收藏的书还远远不够。"

作家周国平说过:"藏书多得一辈子读不完,可是,一见好书或似乎好的书,还是忍不住要买,仿佛能够永远活下去读下去似的。嗜好往往使人忘记自己终有一死。"

作家冯骥才说:"有个叫莫拉的老妇人收藏了四千多本书,每天晚上必须用眼扫一遍,才肯关灯睡觉。老妇人回忆她丈夫是个书虫子,终日在书房里,读书之外,便是把那些书搬来搬去,翻一翻、看一看、摸一摸。每每此时,'他像醉汉泡在酒缸里,这才叫真醉了呢!'"

古人说"藏书胜过藏金",然而为什么藏书?说不清。既然答案是"五花八门"的,表现也是多种多样的,那我们也不妨说出"一花一门"来,研究研究藏书心理学。

30. 4月23日是世界读书日,有人提议孔子诞辰日9月28日为中国读书日。许多国家有自己的读书日,有些地方、单位也规定了自己的读书日、读书月。对这些现象,你如何看待?

31. 介绍你最喜欢的一本名著或一个作家,最喜爱的一句话或一句诗,并谈谈对你生活、人生、价值观等的影响。说说你最喜欢读哪些报纸、杂志,喜欢哪些栏目,请谈谈体会。叙述自己阅读生活中最有意义的或最有趣的一件事。

32. 要想形成阅读氛围,需要许多阅读推广人。徐雁教授认为,阅读要从自己做起,阅读推广要接地气。现在要求你做一个面向社会阅读推广的志愿者,你准备怎么做?请作个计划。

33. 你能够介绍当地的几位历史名人吗?你能介绍你所在城市的大致历史吗?你能介绍自己学校的大致历史吗?

34. 从明天开始,你就要进入孤岛,在那里生活若干年。那里什么信息都没有,但允许你带十本书,请列出你的书单。同学们也可互相比较,评论各人的异同。

阅读与成长

因你，我走向远方

从书屋出发，走向远方

人生是长长的旅途，是康庄大道还是弯弯小路？是荆棘满地还是金光大道？是高铁还是飞机？是环球航行还是星际旅行？也许是那些现代城里人们久违的泥泞之路，我们一脚一滑地向前跋涉。

前路充满好奇，每个学子都期待着出发。

每个少年都在作出发的准备，在故乡，在母校，在妈妈的摇篮里。

出发，从故乡起步，从母校起步，背起行囊，你将走向远方。

远方，远方，在那遥远的地方，有我们美好的希望。去吧，去吧，莫回首。"莫愁前路无知己，天下谁人不识君。"去吧，知音在那儿等待着你，盼望着你到来的消息。

"因你，我走向远方"，是我们的教育理念。这个你，可以是父母，是教师；可以是故乡，是母校；也可以是同学，是朋友，是心爱的人。

而少不了的是阅读，是书籍。从书屋出发，走向远方。

远方有多远？上九天，下五洋。一个人能够行多远？一个人的精神到底能走多远？智慧到底能抵达哪个港湾？读万卷书，行万里路。阅读，是行的准备，是行的基础。行，是阅读的实践。知行合一，知深行远，行远知深。没有大量的阅读，得不到智慧，支不起精神大厦，只能随俗。

每一个走向远方的人，都会有一段读书故事。

美国作家梭罗说："有多少人通过读一本书而使生活翻开了新的一页。"

演讲师亨利·比彻说："小职员、工人和学徒们最初的雄心壮志都是从读书开始产生的。"

周国平先生说："对我们影响最大的书往往是我们年轻时读的某一本书，它的力量多半不缘于它自身，而缘于它介入我们生活的那个时机。那是一个最容易受影响的年龄，我们好歹要崇拜一个什么人，如果没有，就崇拜一本什么书。那是我们的精神初恋，而初恋对象不过是把我们引入精神世界的一个诱因罢了。当然，同时它也是一个征兆，我们早期着迷的书的性质大致显示了我们的精神类型，预示了我们后来精神生活的走向。"

用一个时髦的词语来说，在你思想开始"萌哒哒"的那一刻，她、她们来到你身边。你对书中内容产生价值认同、精神认同，精神发育从此开始。这些书便成了你的精神血缘、最初的精神奠基，终生为你导航。

青春发育期与精神萌芽期大都同时开始。天真童趣被"萌哒哒"驱逐，生理发育使少年男女看世界开始有另一种迷人的色彩，此时，精神食粮切入生活，某一个偶像、某一个哲理都会产生心灵触动、震撼，甚至某一段悄悄话、某一个词语也会让人怦然心动。她们可能不是名著，但一定是触及灵魂的东西。她们可能自身也不成熟，但她们是让人精神振奋的，至少是让人思考的。

用一句老话说：合适的她在一个合适的时间与你相遇，从此，你走上了她给你指定的道路。

每个人出发时怀抱不同的书，就会走向不同的路；每个人在路上遇到不同的书，就会走向不同的远方。当然，你可以顺着她指定的道路走下去，也可能拐个弯，走向另一条道路，甚至回头否定了她，继续行走。但至少，你是因她走下去，走向远方。

生理的发育到成人结束了，身体进入成年期，也将进入衰退期，而精神的发育开始后，将不断前进，终生探索，随着年岁的增长，愈加显出强大的力量，出现成年人的稳重、壮年人的顽强，出现《老人与海》中的桑提亚哥老人永不被打败的精神能量。

这一切的基点，都在于积累了前人的成果，在于阅读。

人们喜欢回故乡，回母校看看，就是回到精神的出发点看看。家乡的一草一木，母校的一阁一亭，都曾有同学亲切的身影。闭上眼睛，回想故乡那一位长辈、母校那一位教师说过的话，回想老同学年轻时的话,回想在校园里或在床榻上看过的一个故事,一股暖流涌上心头。那就是语言的力量、阅读的力量,在人生的长河中回荡、呼应。

阅读与成长成功

因好奇而阅读，因阅读而更好奇，经过阅读，达到知识、能力储备，再去好奇求证，便是探索。

探索，为了成功，或者，探索的人生就是成功的人生。

阅读一头连着好奇探索，另一头连着成长成功。

曹文轩说阅读是宗教，周国平说阅读是思想的朝圣，朱永新说一个人的阅读史就是它的精神成长史。总之，阅读是终极关怀。

诚然，阅读不等于成长，但阅读为成长提供了他人的经验与指导，提供了更多的知识储备。成长需要实践，需要深入世界，离开实践主体，离开吃一堑长一智的试错规律，光是阅读代替不了成长。否则，就无法解释没有文字时代的人们是怎样成长的。但是，当今社会离不开文字信息。没有文字能力，连起码的独立性也没有了。在这种情况下可以说，现代社会中没有阅读，便没有真正的成长。

阅读，成长的摇篮。

　　为了讨论阅读与成长的关系,我们先来认识成长。

　　笔者以为,成长指的是一个人从依赖他人到开始独立的过程。结果不仅要独立,还要回报社会。一个人从幼稚到成长大致分三个方面,一是身体的成长,二是掌握劳动技能,三是精神的成长。

　　身体成长、掌握劳动技能是为今后物质生存打基础,也是为回报社会作物质准备。而精神的成长一是让自己合乎道德伦理,二是让自己过更高层面上的生活,一种文化的、审美的生存。道德伦理既属于精神,也是生存的基础。如果没有道德伦理,肆意侵犯他人,就不能被社会容纳,社会也没有稳定可言。道德伦理方面指向公民意识,文化审美方面指向生活品位,最高指向的是社会担当、人类担当。

　　成长指向成功,成功是成长的目的地,而阅读可以说是成长、成功的起点。

　　然而,若目的地不明,何谓成功? 大家众说纷纭,有以建功立业为成功者,有以幸福快乐为成功者,有以自在逍遥为成功者,更有看空世界无成败的说法。

　　我们认为,成功是预期价值的实现。而人的一生在于不断寻找、发现、追求自己的价值,也就是不断向成功出发。

　　成功的高层内涵是建功立业,为人类谋福利,为弱势求公平,或者自己事业有成,造福亲属朋友乡梓。低层内涵则是自食其力,养活自己、家人。广泛意义上,生活幸福、精神饱满都是成功的人生，而成功的基本意义，即是有自己的饭碗。不管是建功立业者，还是普通老百姓，做一个对社会、对他人有用的人，就是成功的基本概念，也是成功的底线。有意义、有价值、幸福感强的生活，是成功的总体要求。

人类社会只有肯定有益于他人的价值观，才能保持族类的和谐、生存、发展。换句话说，人可以有私心，私心是个体生存的需要，但不能没有公心，公心是整体生存的需要。个体的成功必须与整体的成功保持和谐，这是精神基点，也是制度、体制的出发点。

做一个有追求的人，是成功人生的底蕴，尤其是年轻人。可以暂时消极，但应当总体积极，不断追求，这样的人生才能不平淡。平淡是老年人应有的态度。年轻人甘于平淡了，谁来发展，谁来担当？有讽刺意义的是，自己甘于平庸，还要搬出"平淡才是真"的哲理美化自己；自己不为社会做点事，还要搬出"人就是自私的"理论让自己心安理得。

阅读不等于成功，青少年阅读是为了培育成功素养。与成长一样，成功素养包括身体素质、专业技能素养、人格精神素养三方面，这三方面在人生道路上相辅相成。良好的专业技能才会形成成功格局，而不倦追求的精神以及淡于名利、专注于人类社会的优良品格，才能在长长的人生道路上不迷航，保证成功。良好的身体条件则是成功的"本钱"。只有这三者互相融合，才能构成"和"的人生。"和"，是成功的基础。

在自食其力、温饱已经解决的基础上，能够用精神超越物质是成功；停留在物质占有层面，不断"奋斗"，不管物质积累多少，都是失败。暴发户只能算是物质的占有，是本能的满足，随着财富的积累，幸福感反而降低。放纵自己的本能继续占有财富却掏空了精神，这样的人注定是失败者。他只能在动物的快感中生存，不能上升到人的美感层次，只能在欲海中沉浮，不能在境界中超越。

阅读，就是要养"浩然之气"，静心修为，阅读立心。

精神不排斥物质，但不会为物质所累。显性的物质追求是台阶，是预期的目标；而隐性的精神涵养是本质，是预期的价值。换句话说，可以于外在物质层面达到小小成功，用适度功利给自己踏实感，但自己为此而形成的奋斗精神、饱满状态，才是自己真正的价值、真正的成功。

成功在远方，成功的素养培育在青少年时期。具有成功素养，才能走向远方。中学阶段接受教育，就是为一生成功打下基础，中小学主要为学生培育成功的素养。

个体生命对社会人生自然充满了好奇、探索。我是谁？我从哪里来？到哪里去？人生会不断迷茫，对自然、对宇宙、对人文不断迷茫，就在不断追问过程中形成了自我。对历史，对未来，对宇宙，对身体，从宏观到微观，人类永远在好奇，永远在探索。一代一代探索者把他们的探索成果，包括物质成果与精神成果，用文字材料记载在书籍当中。

学校教育就是要为整个人生找到"钥匙"，引发学生的好奇，提升他们的探索能力。读书引导人们走出迷茫，寻求更大的物质空间、精神空间。许多迷茫都要通过阅读来解释，从而达到心态平衡。阅读，就是人生在迷茫中寻找远方的目标，从某种意义上讲，也是寻找回家的路，是在前人指导下的寻找过程。因此，如前文所述，养成阅读习惯，掌握阅读能力，就是养成与前人一起探索的习惯，与前人、名人"合作"的能力，也就是通常所说的"站到巨人的肩膀上"，提升自己的探索平台。

由此可见，阅读能力是很重要的成功素养。阅读安顿心灵，储备成功的精神元素。

阅读与立志

力与美的牵引：立志从偶像开始

我们把目光投向成功的光环，权钱名是成功的外在标志，人生难免要在名利场上角逐。适度的功利我们不能拒绝，然而能否超脱些、淡泊些？与其过多地寻求身外之物，不如多多地完善自我。多才多艺，追求健美，成为有识之士、有志青年，具有独立的人格，才是真正的成功者。当才华与财富之间出现不平衡时，需要用阅读来调节，来认识自己、认识世界。

还是回到内心世界，谈谈立志，谈谈阅读与立志之间的关系。

立志是成长最重要的内容，是成熟的标志。古人说三十而立，少年得志是高境界，是人生的大幸。在这段路上，阅读、思考是必不可少的途径。

立志可以从偶像开始。

每个青少年都会有个梦，由梦到目标到志向，是一段段长长的距离。

在幼童时代，会由外在力量牵引产生价值判断。我们假设这样一段心路历程：幼年时向往孙悟空、奥特曼，他们超自然的力量吸引了体能弱小的儿童，愿望从此开始。神话、童话、民间传说等充满超自然力量的故事、书籍，是儿童成长的精神启蒙。"长大要当孙悟空"是他们的目标、理想，当然，谁都明白，这是空想。这是偶像崇拜，如培根说的，偶像容易以"怪诞的模式把人的心智引入误途去"，然而这种误途却是大量少年成长的必经之路。

后来这种超自然的力量继续寄托于偶像，阅读跟进，发展成以科学家为偶像，用科学梦来超越自然。顺理成章，长大要当科学家就成为他们的理想目标。力量内在化，是志向确立的一个转折点。

每个人都有天生的恐惧感，需要安全感，需要自由。安全感是所有自由的基础，科学偶像崇拜是人与自然矛盾的结果。

而人与人之间的社会，需要公平、正义，一个充满正义感的社会让人放心、安心。因而每个人都会憎恨坏人，少年崇拜孙悟空，不仅是自然力、神力的崇拜，更有正义力量的牵引。追求正义事业，最初是从自己安全出发的，是担当的开始。反过来，服从专制，接受皇权思想，膜拜强权，宁愿受压迫而不反抗，也是从安全角度考虑，算是苟且偷安吧。

此时阅读跟进，把孙悟空的概念进行现实否定，即否定神话，认定现实,在现实中找到定位,容易指向于军人崇拜、政治家崇拜。

一个中小学生,可以先由外在美牵引确定人生目标,如看到制服美而产生警察崇拜,看到法庭上的雄辩激越而产生当律师、法官的愿望,看到总裁坐在老板椅上而产生当老板的梦……志向悄悄萌芽。

通过影视、文学作品得到的信息,在美感的牵引下,作用于少年的精神空间,产生桃源梦。在大量的阅读中获取了更广泛的社会知识作为参照物,给了自己判断依据,桃源的、不切实际的梦就会得到矫正。

成为有力量的人、美的人,是每个人都会有的梦。造福乡梓不仅为民,也为证明自己的价值。

美的牵引会指向艺术家崇拜,文学家崇拜就是其中最有吸引力的一种。力的牵引让位于美的牵引、创造的牵引。让自己美起来,让自己创造美给这个世界,是许多少年的美好梦想。

这些梦,是愿望,还不是志向,好多人仅仅停留在美梦中。

志向必须有几个条件:一是有益于他人、社会、人类,有所担当;二是作用于现实,落实在行动,那种只有狂想没有从细节、实际行动上入手的,只是空想;三是要与自己的心灵和谐、生活和谐,反对那些扫天下而不扫一屋的思想,即志向应建立在自立上,连自己独立生活能力都缺乏的人,谈不上志向。

在自立与立人之间,在完善自我与普救人世之间,或许有人可以把仰望星空与脚踏实地两者统一起来，而更多的人必须回到现实中来。理想是美好的，现实是骨感的。理想与现实之间碰撞，找到自己的努力方向，并坚持到底，才能称为志向。

立志的过程，就是不断地把梦理性化的过程，是找到现实途径的过程。外在美的愿望、目标可能是人的本能欲望，是虚荣。阅读生活一边让人继续做梦，产生新的梦；一边审视自己的梦，大量的书本信息与现实信息互相交流、碰撞，外在美的吸引不断地向内在美渗透、转换，形成人格、理想。主体开始用理性的、他人的、历史的、专业的、名家的目光审视自己的梦，在精神空间中不断批判、扬弃，不断地自我调节，不断地自我成长，成为成熟的梦。此时，目标成为理想、志向。

这个交流、碰撞，就是砺志。

持志如心痛：立志要有所担当

砺志其实是炼心。

志乃心也。志，会意字，篆书从心（心意），从之（往），表示心意所向，即志向。隶书、楷书从士从心，表示男子或知识分子心中有志向，本义是意向、志向。上为脚、足，下为心，脚随着心愿迈向目的地。

不过，目的地在哪里？心往何处走？

得志的意义不在官位，也不在获得奖金、学位。得志，得心，得意。同志，是一个很神圣的概念，彼此之间不仅思想观念一致，而且都是尽心尽力为此付出心血的，才能叫同志。同志，同心，同道。道不同，不相为谋。如同得意、知道的意思，我们现在意义上的"知道"是最基本层次的认识。《管子》中说："闻一言以贯万物，谓之知道。"可见，"道"是高层次的道，是天地之道。其实，"道可道非常道"，知道、得道是高层次的心灵境界。得意的高境界是忘形，得志是心灵找到志向。少年得志，即少年经过反复磨炼得到了志向。志为心志，心灵感悟。得意、得道、得志，都是心理修炼而成的，或者是高层次的心智技能。把感悟到的东西化为信仰，信仰不仅是相信，更要努力去践行。

后来把外在的加之于"得志"上，拿欲望、目标为志向，有"小人得志"、"得志便猖狂"的说法。反问一句，小人何来志？有志之人、修心砺志之人怎么会猖狂？

外在的荣誉占据精神后，从此心为形役。那其实不是得志，相反，是"得形而丧志"。在虚荣心支配下，错把霸道梦当成志向，用文雅词语、高位词语掩饰、美化自己的侵略性。

一个县长、市长碌碌无为，不追求，不作为，不如一个村主任、乡长尽心尽力，让百姓幸福。从这个角度上讲，村主任得志了。反过来，如果村主任有心为村庄谋福利而现实困难重重，不断努力、抗争还不能如愿，这也不能否定村主任内心的得志。

一个中学生将来想当教师，这是她的职业目标。询问原因，她感觉老师对她太好了，她想将来好好教书，报答教师，传承教师的美德。这个应当是立下了志向。另一位同学也想当教师，他是看到当前教育的弊端，想好好读书，将来当教师，要让同学们充满活力，让教育朝气蓬勃。他观察现实，读懂了鲁迅"救救孩子"的呼声，这个也是志向，而且是高远的志向。

少年得志，志当存高远。这高远不是钱、权、名，是心灵走得高远。志愿，是心灵长期选择的结果；志向是成长主体处于成长过程中对人生社会判断的结果，是心灵的最终选择，是一生为之献身的信仰。"砺"是铁片在石上磨，是欲望本能等受到阻碍才产生的磨炼。宝剑之锋是磨砺出来的，痛苦的摩擦使其去除锈迹，成其锋芒。有人砺出了国家民族之志，有人砺出了人道济世之志；也有人砺出了掌权为王的野心与耐力，砺出了不择手段的"本领"，脸皮不是磨光了，而是磨厚了、磨硬了；更有人砺出了为平民百姓说话的志向，这是志向中最重要的成分——有所担当，同情弱势。天底下有多少弱势者需要有志者担当，好儿女，别沉睡。

明朝王阳明说："持志如心痛。"人生过程，实为磨心。励志即磨心。心灵在超越本能坚持修炼时与之互相砥砺，能不痛苦？砺志，就是冲突，是灵与肉的冲突。终生在物欲横流之中保持志向，能不心痛？只有心痛，才会有坚强的意志，在向更高层级生活迈进的过程中咬定青山。

食色以延续人类,这是合理的;这也导致个体追求无限庞大的发展,形成贪欲,威胁到他人,威胁到整个族类生存。因此,欲望必须合理化,否则则是动物世界,则处于低等之中、丛林之中。社会文明是人类更好延续发展的需要。灭人欲是不合理的,而被欲望牵着鼻子走的人,不仅没有智慧,更被人瞧不起。嘲笑纵欲也是平衡的需要。往回说,被欲望牵着鼻子走就是"自愿通往奴役之路",心为形役,自愿做奴隶,无法"自在自为"。欲令智昏,多少人败于贪欲,教训沉重。

叔本华解释悲观的人生时有一个生动的比喻:"人生像钟摆一样在肉体的劳苦和精神的空虚之间摆动。"那么,暂时放松来减轻肉体劳苦是可取的,而用放纵自己来填补精神空虚者只能找到暂时的止痛片。与其回避痛苦,不如砺志者正视痛苦。

立志必有担当。担当劳动的痛苦,担当责任,重要的是愿意承担后果,那一定有痛苦的。因为痛,所以成长。

志是砺出来的,不是教出来的。教只能认识"志"的外表,没有经过痛苦的碰撞是出不了志的。

如前所述,直接给出教育目标,尤其是最高目标,是教育的惰性。换句话说,目标要让孩子自己悟出来,砺出来。宠子害子,成长道路上必须让孩子自己承担的痛苦,家长心疼想代劳,结果是害子。宠孩子就是宠自己。饭来张口,衣来伸手,自己的事情父母做,父母承受不了孩子承担痛苦时的痛苦,或者内心放大孩子的痛苦,只能用宠爱来减轻自己的痛苦,结果是孩子失去了痛苦的机会、磨炼的机会。未经磨炼的心灵难以安静,少年不磨炼,成人后则经不起诱惑,无法安静。安静才能出智慧,长期磨砺后才能达到在灯红酒绿中淡泊明志、宁静致远的境界。

家长暂时的宠爱,子女暂时的消极,是人生应有的多角度,生活因此而丰富。而长期消极,长期怕痛,不仅是懦夫,更是傻瓜。无志之人,一生哀哀怨怨,呻吟到白头。反过来说,只有准备苦行的人,才会有幸福人生、智慧人生。

填志愿没有志:职业是志向的现实支点

说完立志后,我们来说说填志愿。许多人填志愿书,不问问自己的信仰、志向。高考结束后匆匆填志愿,上大学后才发现这个专业不对劲。整个中学六年,没有好好地思考自己将来选什么职业。高中三年,大家忙于高考紧张复习,至于将来考什么学校,由分数决定。读什么专业最好?不重要,重要的是考上公务员。这种思维,哪有立志的影子?

考上公务员有成功感,吃国家饭有成功感。如果这种成功感来自于找到了为国家、为百姓做事的机会,找到了让自己发挥更大的价值、作用的平台,那么,千军万马过独木桥的考公务员现象,是国民高素质的表现。从目前来看,好多考公务员者的成功感是图个一劳永逸、衣食无忧的铁饭碗,甚至以灰色收入作为价值,这简直是南辕北辙。

大量的失败感被国考笼罩着,形成一种社会氛围,给好多实实在在生活工作的人蒙上失败的阴影,使青年在"骨感"的现实面前更加伤感,除非他们用大成功来扭转。大成功,一定是少数的。失落感太多的社会,容易形成暴戾之气。在灰暗前途的预期下,大量基于否定应试的理由,循着青春叛逆的趋向,积累成"反智主义",进而形成"反志主义"。享受、虚无成风,等青春过后,恍然大悟,时光已逝,韶华不再。

只有求职出路、行业价值多元化,才是社会平衡、稳定的根本,才能形成积极向上的乐观氛围,形成繁荣的文化。

职业是理想与现实的折中点,是一个人的社会切入点。人际关系中血缘关系是原始的、自然的,而职业构成的社会关系大多是自己追求的结果。如果说理想是仰望星空,那么,职业就是脚踏实地。对于社会来说,要去除特权,创造劳动付出与收入、才能间相对平衡的职业选择环境;而对于个体来说,高不成要乐于低就,世界上只有相对满意的职业。

职业意识与专业意识一样,是中学阶段重要的知识、精神储备。少年得志当然可嘉,职业服从志向;而少年没得志,或者志向难以实现,也必须有职业向往。科学家不是职业,并不是每个搞科研的人都是科学家。公务员是职业,当官不是。长大要当老板,老板也不是职业,而是股东,是投资者。职业没有多大的风险,也没有多高的要求。错把考上公务员作为成功，而把其他职业作为不成功，这种现象对社会有害，对个体也有害。作为个体也没有必要背负失败的阴影，拐个弯、转个身积极投入称身的职业生涯，健康乐观地生活。

歌德在《浮士德》中说："这世界对有为者并非默然无语。"其实，每一个人在某一领域坚持磨炼，不断提高，终身学习，都会在该领域有些成绩的。即使我们不谈自己的远大志向，不谈理想，也该构筑自己喜欢的天地。把自己不喜欢的事做成喜欢的，做成爱好的，做得乐于其中的，才是真境界、真本领。这种境界来自于对生活、对人生的热爱。

英国教育家洛克说："对于人世的唯一防备，就是彻底掌握有关世界的知识。……我们值得利用一切机会把它教给年轻人，使他日后投身茫茫人海时不至于像那些迷失了航线、丢失了罗盘或海图的航海家一样。他事先就注意到了暗礁、浅滩、激流以及流沙的所在，加之又懂得一点驾驶的技术，因此他在获得经验之前便不至于有灭顶之灾了。……因为如果我们跟他们弄虚作假，我们就不独愚弄了他们的期盼，阻碍了他们的认识，而且也毁坏了他们的纯真，使他们学会了最坏的邪恶。他们是新到一个陌生国度的旅行者，对于当地的情形一无所知。所以我们应该凭据良心，不要把他们导入歧途。"

歧途的源头是无法给自己定位。他们缺乏自估能力，或者不敢自估,自贱起来以为世界上自己最可怜,自傲起来眼里没有世界,这些都是颠覆性的自我定位。自贱与自傲状态,不说用读书拯救,至少是静不下心读书、不读好书导致的。社会当然复杂,浮躁的世界里,书本给人安定的力量。哪怕是消极的避难所,也比欲望鼓噪让人误入歧途强。而职业选择是安定人生的开始。

人生规划课,应当是中学生必修功课。中学六年,应当不断地观察社会各行各业,结合自己的兴趣爱好,找到与自己契合的职业,为将来顺畅地工作打下基础。

每个学期都要在同学间展开讨论,这不仅不浪费时间,更能够促进读书,激发学习的动力。有了比较明确的职业意识、行业眼光,会带动中学生看清自己的人生未来,让他们自觉地思考、设计自己的人生。未来轮廓越清晰,生活就越积极。否则,缺少职业的定位,自己的一点优势都会膨胀为"理想",一点"烛光"都会灿烂成云霞,也会为一个小小的细节缺陷而自卑无比,为一点小小的挫折而不能自拔。

所有的规划都要以劳动为人格低线,杜绝不劳而获;所有的职业都要以养活自己为物质底线,反对寄生虫。反过来,以这两者为基础者,人生往往乐观、幸福。

人生规划、职业选择,乃至于志向确立,都是小学、中学就应当开始的重要内容。其实,他们已经从自己的生活周围形成了许多观点看法,只不过没有给他们演绎的机会,没有给他们体验、实践的空间。

阅读指导立志

当一个七八岁的小女孩说，长大要嫁个大老板，让全家都住进高楼大厦，成人不要嘲笑，也用不着马上纠正，再仔细观察。此时，小女孩可能想着将来为家庭有所担当，想着自己如何回报。社会的阴暗面很容易让孩子们迷惑，也是教育者最担心的。尽管不良社会风气与影视让女孩羡慕大款，但一步步长大，经过不断阅读，扩大视野，她会有自尊，会接受自立自强的意识，她一边明白是非，一边设定自己将来的职业，在兴趣爱好与职业规则之间，在远大的目标与不完美的现实之间，找到个平衡点。经过思考的她，不会填起志愿来没有志，稀里糊涂选个专业。

把阴暗面全部遮掩再去教育孩子，往往失败。解释阴暗面最好的不是教师、家长，而是书籍。

阅读，是质朴的美，求真，向善，至美。

读书，给自己鸿鹄之志。读一部《史记》，看司马迁"究天人之际，通古今之变"，是多么伟大、深刻。一篇《报任安书》，催人泪下，终"成一家之言"。为了修史之志，选择受辱而生，一部《史记》因此贯穿着尊严。读《离骚》，发《天问》，"思接千载，视通万里"。知书达古仁人之心，激发自己立下志向，"为天地立心，为生民立命，为往圣继绝学,为万世开太平"。崇高的境界,激励着一代代青年。

这种志向很高远,父母从现实出发,认为是空的、错误的,不希望孩子有这样的志向。

我们认为,就算是空的、错误的,也不要马上纠正。有大志才会追求大才,结果实现与否不重要,中途降格也可以。有过志向,有过奋斗,有过挑战,才是最重要的。

父母教导,往往强硬地要求孩子做什么最好,怎样做最好,要务实,要听话,要有好习惯,要上进。有的家长要求孩子圆滑,要求圆滑有的并非为升官发财,而是基于安全自保。孩子则不以为然,过多的要求易激发孩子逆反心态,越引导越逆反,怎么办?

我们不说家长的要求对不对。如果仅仅给一个正确的、现实的观点,那太容易了,但孩子不接受。如前所述,少年儿童在接受观念时,必须有一个试错的途径,能够让他们认识到错误的过程。否则,那些正确的观点不会牢固。

在要求、压力前,孩子是痛苦的,父母是心疼的。如前所说,父母宠孩子就是宠自己。宠自己的父母经受不了痛苦,就直接告诉孩子怎么做,怎么是对的,苦口婆心地,千言万语地,孩子却不言不语。此时,父母最需要做的是闭嘴,是观察,是推荐阅读材料,甚至阅读材料也不要推荐,给几个相对应的主题让孩子自己找阅读材料,给孩子创造阅读氛围。

读书是静态的,尤其是伙伴推荐的书,更容易接受。不要怕他们走斜路，思想不健康，要相信他们，正确的观点会经过反复地比较、砥砺，进入他们的思想。

美好、神往，从孙悟空开始，从白雪公主开始。梦支撑着自己的精神，少年的现实就是家庭与学校的压力。面对压力，多多少少会有逆反。到青年时，从社会根源上逆反。他们或许是消极地以梦为途径逃避现实，而更多的是积极地以梦为途径形成自己的追求。完全没逆反其实是没有梦，没有改造社会的梦，没有激情、梦想、光荣。好像丘吉尔说，三十岁之前没有逆反，我怀疑这个人品质有问题。年轻人圆滑，不逆反，无是非，往往难成大才，过分自保。

逆反其实也有好奇心理在作用。他们要探究走不同的路，探索是好奇的后续，信息、疑问向周围寻找答案，其中很重要的地方就是书本。许许多多的细节，在现实人物中解答不了，就在书本中寻找。

许多知心姐姐的书开启了孩子的心扉。在阅读中，有逆反，可以不读，也可以反驳。现实中有逆反，父母还是要絮叨，现实中一反驳就冲突，而在阅读中，一反驳就是智慧。对与错不重要，重要的是言之成理，重要的是在反驳过程中形成自己的观念。当两本书的观念冲突时，不断否定、肯定、否定再否定，这样更有利于逆反再逆反，好像负负得正一般。有些聪明的父母与孩子一起逆反一阵子，然后发问：那怎么办呢？存在必有其合理性。接受现实吧，持批判的态度去接受，思考的态度去接受，这是成熟的标志。而且，导向今后改造社会的志向。

往思维规律处说，感受力接触现象，阅读探究本质，阅读使他们从现象出发，寻求本质。

志向从本质出发。

将来做什么，选择题直接摆在孩子面前，他们会明白现实是绕不开职业的，他们会从阅读中寻找更广阔的空间。寻找的过程中，成熟了。

成熟的选择一定从职业开始，从养活自己开始，从劳动开始，最终认识到劳动给人尊严。

越早认识到这一点，就越有学习的动力。明白自己将要承受的必要的痛苦，才能确立以劳动为本的价值观。此时，立下高远志向才不是空中楼阁。

阅读者，成熟者，高考结束，从填志愿那一刻开始，就应踏踏实实地开始投入新的读书生活。

阅读使志向恒温

读书，不仅有助于找到目标，立下志向，更能使人们在坚持的道路上灵魂自救。

人的一生在追求公平与同情弱者、追名逐利与享乐腐化之间矛盾，这是很正常的。

阅读使志向恒温，阅读能够有效地调节自己的情绪，让自己不会滑入深渊。阅读，就是不断地给志向充电，用前贤古圣来激励自己，调节在现实面前失衡的心态。

玩物丧志。玩物过度就是纵欲，沉溺于欲海不能自拔，心灵得不到磨砺，志向丧失。花鸟虫兽、娱乐搞笑，生活中乐点多，轻松一下无妨，但对于青少年，耽于乐点，兴奋过度，就容易放弃心灵磨砺，走向堕落。

艺术赏玩是生活的点缀，是陶冶情操，而纵欲则使人堕落。志、欲、艺三者之间，艺求美，志求真，欲仅仅停留在动物层面的快乐，不能否定，但不能弘扬。"饮食男女，人之大欲存焉。"君子不否定欲望，但谁见过君子纵欲？苏格拉底说，无节制的人是无知的。

损人的纵欲，是以漠视弱势者为心理基础的，这与立志以同情弱势为人性基础是相反的。在这种状态下，更需要阅读来矫正自己，安顿心灵。

罗曼·罗兰在《内心的历程》中说："每个人都从书中研究自己，要不是发现自己，就是控制自己。"清朝张英在《聪顺斋语》中说："闲散无事之人镇日不读书，则起居出入身心无所栖泊，耳目无所安顿。势必心意颠倒，妄想生嗔。"这与现在时行的阅读疗法是一致的。

没有志向，没有阅读，其人生会经常自我膨胀。

反过来,有志向,又兼顾现实,过自己的日子,也不能算失败,更不能算背叛。如果乐观地说,这是一种回归。想平平淡淡地过完一生,找个稳定的工作,有个通达的心态。那也是一种选择。像我们这一代人,年轻时有过文学梦、军人梦、法官梦,还有那些知识青年上山下乡战天斗地立志改造世界的梦,一路走来,成功者值得骄傲,失败者没有惭愧。反思过去,正是这些志向帮助自己抵挡了无数诱惑,免于走向错误的道路,即使不能普救天下,至少能拯救自己。这些角色转换之间,阅读功不可没。阅读中转换角色是理性的、渐渐的选择,即使不能使志向恒温,也能慢慢降温,至少不会忽冷忽热。青春大志后,中老年归于平淡,就好像轰轰烈烈后归于宁静,也是圆满人生。

就算是道路艰难,走投无路,也只能做个退隐者,用阅读继续思考,而绝不做背叛者。

个性化阅读与精神发育

阅读是个性化很强的活动,难以步调一致。个性化,有人理解为孤独,思考者的孤独。其实,思考的方式与思考内容一样,既孤独也不孤独。

阅读是个性的、又是共性的,有内容上、个性方式上共性,有方式上、个性内容上共性。方式与内容都会有个性化,也会有共性化。

只顾共性被经典压垮

经常有家长说:请给我孩子推荐一些书籍。我怎样推荐呢?

于是我问孩子的年龄,性别,孩子原来读了什么书,他本人喜欢什么书,他心里最向往的职业是什么,他的特长是什么,直问到他的生活习惯如何,他父母、叔叔、舅舅、姑姑等是干什么的。把家长问得烦起来,就怀疑我在搪塞、推托。

其实恰好相反,假如我随口开列一连串名著,那才是敷衍。我们通常站在成年人的角度,高高在上,搬出浩大的经典目录,似乎要学生们统统都达到"兀兀穷年,皓首穷经"的境界。这种只求共性的高要求,不顾学生具体接受心理的空要求,实际上却使那些已经在应试教育下负担沉重的学生,再被书单、被大量经典压垮。

个性化阅读充满选择

人是充满个性的。阅读,尤其是课外阅读,是最具个性化的精神活动。除去技术性、工具性阅读,阅读指向人的精神世界。就是通过阅读认识世界,观照自己,使自己的思想、感情、道德、人格不断成熟,形成爱好、理想、世界观等精神品质,让自己的精神发育成长。这个过程是充分个性化的,个性化阅读充满选择。经典是共性的,选择经典是个性的。因此,指导推荐须先分析学生个性,再把教师选择推荐与学生自主选择相结合。这是个性化阅读的正确途径,具体表现为难易度选择、内容选择、阅读方法选择,三者互相交叉,无法截然分开。

阅读经典的三种对策

要难易适度。一般来说,年级低的同学宜选择音韵感强的诵读型读物,偏重于文学性、故事性、趣味性,年级越高,越趋向于哲理性、社会性阅读。阅读者主动性越强,难度系数可以越高。有挑战性格的同学,高中就可以接触西方学术名著,比如商务印书馆出版的《汉译世界学术名著丛书》最为经典。

中学时不翻大师著作是一种遗憾,挑战学术的精神要在中学开始形成,从而终身受用。然而这些书难度太大,怎么办?有三种对策。

一是建议读读通俗读本或名著导读。"直奔大师"固然精神可嘉,但巨人的肩膀不是说站就能够站上的,还需要垫脚,需要桥梁。比如北京出版社的那一套《大师经典,通俗阅读》,就比较适合。心理学方面,直接读《梦的解析》、《精神分析学》难度较大,北师大出版社出版的那套《世界著名心理学家丛书》,对各种心理学介绍得既易懂又精确。

二是可以把原著与通俗读本比较着读。比如把《论语》与译本、阐释评论一起翻阅。比如读《西游记》、《水浒传》、《红楼梦》可读简写本,而碰到感兴趣的情节,可以从简写本读到原著,进入精读状态。也可对原著进行跳读,当然,有能力有条件的高年级同学则通读。

三是可进行句读、段读、篇读。对绝大部分中学生来说,"读完"学术原著,是一种贪多求快的虚荣。那么,对学术名著进行句读、段读、篇读的方法就能够长长见识,从中获益,这才是实在的精神滋补。

这三种对策,既是共性,也有个性。

不动笔墨不看书

有人喜欢一个人静静地阅读,有人喜欢朗读,有人喜欢讨论,各有个性。

所有个性阅读必须坚持的共性是:不动笔墨不看书,不论是经典还是时文。

动笔墨也各有特点,有的喜欢眉批,有的就是画画线、标标重点,有的喜欢写感想。最简单的笔记是,把感动心灵的句子标上记号或者抄下来。最复杂的、最具有挑战性的是作阐释、发挥或发表不同见解。最省时又有效的笔记是给文章理出思路,列个提纲。那么,最完整的阅读应当在读该书之前自己构思:假如我写这个内容,我会写什么。比如读《鲁冰逊漂流记》,在看完前言、介绍后,就想,假如我一个人在孤岛上,我会做些什么? 我会怎样求生存? 先把自己想的记一记,再比较比较,细节、性格、背景等就会豁然而出,读后对于西方扩张时期的开拓精神、绝境生存能力就会有较为深刻的理解。

同样为动笔阅读,其过程也是个性化的。

读时文可通向经典

许多教师只强调经典,不关注时文,其实是一种简单化的处理方式。不紧扣时代，不去感受时代带给人的生活，就无法深入历史、经典中。时文尽管比不上经典，有许多滥竽充数，但这个时代只能由时文表达，毕竟生活于其中的时代最能使自己的脉搏为之跳动。时文往往是通向经典的桥梁。教师的大量工作不是静止地强调经典，而是动态地从大量的时文中挑选出适合学生的内容，进行阅读资料编选推荐。比如学生比较喜爱的《读者》、《报刊文摘》、《青年文摘》、《意林》、《书屋》、《随笔》、《读书》等杂志，以及每年的散文、小说、诗歌等年度选本，往往是编辑老师们向青少年推荐的。这些时文透射出的魅力，吸引、开启了好多同学的精神空间。从这个角度上讲，编辑、教师也是桥梁。如果不考虑教育的时代环境而只顾推荐大量经典，青少年的精神发育会遭受阻滞的。

时文阅读也是个性化的选择。

阅读彰显个性

对于中学生来说，希望自己成为什么样的人，就会喜欢读什么样的书。比如，有许多女同学喜欢"才女"型读物，林徽因、张爱玲、三毛、张晓风、龙应台都受到她们的偏爱，宋氏三姐妹等民国女性形象也受到她们的关注。出版商早已经瞄准了"才女"形象，柴静的《看见》成了上海书店销量榜首。朴谨惠当上韩国总统一个月左右，她的传记就出现在了各大新华书店上。如果说才女、女强人支持着女生为主的阅读，那么，许多男同学则对工商业领导者的成功形象产生了浓厚的兴趣。阅读企业家传记，感受他们的创业之路，支持着学生的实业梦。青少年从马云、比尔·盖茨到乔布斯，从史玉柱、张瑞敏到胡雪岩，通过阅读关注社会，开阔眼界，追溯历史，通向经典，形成自己的个性。

时文也好，经典也好，青少年在阅读过程中，把自己的未来作期望性的描述，他们通过阅读彰显个性，找到了自己的人生坐标，产生向往、期待、追求，这些是理想、志向产生的前提。阅读照亮梦想，支撑自己的精神发育，让自己美好、优秀起来。而当高考选择专业后，当这个专业与他的志向一致，工作与兴趣对口，"兀兀穷年，皓首穷经"的境界是水到渠成的事儿。学以致用，知行合一，也便顺理成章了。

生活环境与阅读方向

生活环境是自主选择书籍的重要因素。

读什么书，自然会结合家庭背景。父母、亲属的行业、单位是子女理解社会的触点，是子女认识世界的最早范本，其感触之深是一本仅次于自身经历的书。奉劝家长不要过度地在子女面前埋怨自己的行业，而要客观地分析、理解，让孩子形成对该行业、单位的知识构架，进而形成对该行业的阅读、探究兴趣。做公务员、经商、教书、行医、种田、打工，每一行本身就是一本书，都会传导一种精神。

读书"不务正业"是自主选择的开始

书要读得杂,如周国平先生说的,读书要"不务正业"。

自主选择是很重要的个性化阅读标志。比如跟踪阅读法,跟踪某位名家,跟踪出版社的系列读物,跟踪问题、专题,跟踪朋友文章。此时,一本书、一个作者只是引子,读者不断挖掘、探究,兴趣盎然。读得杂是跟踪的前提,有比较才能有选择。跟踪读书是自主选择的结果,它不仅是个性化阅读的主要标志,也是心智开始成熟的表现。再如,相关延伸阅读也是精神成长的标志。读了历史,向政治、社会延伸,向考古、鉴赏延伸,向文学延伸。读了英国宪章运动向法国大革命、美国南北战争延伸,这些可称比较阅读法。进入比较阅读,思维就产生了质的飞跃,排列、组合、分析、综合这些思维的基本元素就会不断受到锻炼。当不断用抽象思维思考社会人生,阅读者的精神也跟着成熟了。

跟踪阅读、延伸阅读、比较阅读,是自主阅读的主要标志,也是个性化阅读的主要内容。

休闲阅读滋补精神

由于生活节奏加快,工作压力加大,出现了阅读休闲化的要求。出版界也瞄准了这个"精神市场",华侨出版社的"白金系列",

海潮出版社的"大全集"、"一本通"之类,通俗易懂,小而全,投合人们急于求成的心理。价格不贵,更多的是文章编写,作为随便翻翻的材料还是不错的。

这种编辑思路的源头是作文材料。从前有一本海潮出版社出版的《小故事大道理》,当时大受中学生欢迎。学生作文讲究一事一议,为此,出版行业也开始从古今中外史料中、日常生活中搜集这些有道理、有意义的故事,作为作文材料推荐给学生。讲讲故事能够引发阅读兴趣,从故事中引发的道理而不枯燥,扣住了学生的阅读心理,分解了学生的阅读难点,开创了阅读与出版市场的新路子,后来这类故事与道理结合的书被称为"心灵鸡汤",受到职场人士的普遍欢迎。他们在紧张的生活之余,偶尔翻翻,是休闲、消遣,还有滋补功效。当然,比起诗词、散文等文学作品来,后者获益更多。

现在出现好多把古诗词散文化的作品,用诗化的语言叙述纳兰性德、李清照、林徽因、张爱玲等,把人导入一个姣好的境地。虽然是唯美倾向阅读,却也是促进阅读的好路子,包括那些绘本、漫画。有人戏称这些书为"知识贩子"、文化化妆,其实读一读也无妨。不过得明白长期唯美阅读容易使思维平面化,而思维更需要立体化。

然而好多心灵鸡汤则不敢苟同,一本通通不了,一口气只读懂皮毛,读了智慧大全却变得愚蠢了。尤其是那些野史奇闻,应当与正史、学术著作对照着读,否则,青少年易受误导。

反对厚黑学，颂扬真善美

对以厚黑学为基础的成功学这一类书我们是坚决反对的，它们不去颂扬真善美，只讲为个人成功而不择手段，为自己的欲望满足而不惜祸害他人，是反人类的。读这些书，只会精神枯竭。如果这类书畅销，只能说明集体精神的堕落。中学生阅读个性化，是不能包括这种"个性"的。此外，还有许多专搞"刺激"、"猎奇"以吸引眼球的垃圾书籍，如玄易类、武幻类以及许多娱乐八卦类，是不值一读的。这些是导致许多教师只推荐经典的重要原因。

长长的寒暑假，许多同学忙于补课，但别忘了滋补精神。读书能为我们的精神储存丰富的底蕴，身体要与精神一起发育成长。假期是中小学生阅读课外书的好时光，整大段的时间空着，适宜观察、思考、阅读，可得好好计划。

长长的寒暑假，切勿做"游戏虫"，而要成为"读书虫"，方为正道。

成长与阅读视角

一个人的成长有许多视角,大多视角来自于童年的环境。比如高干家庭有得天独厚的权力视角,商人家庭有天然的经济视角,村主任子女当起班干部来更得心应手,教师家庭的孩子上讲台演讲也比别的孩子有模有样。

鲁迅因为医治父亲的病感受到了医学的重要,决心求医,又因为战争而弃医从文,成为我们的"民族魂"。

有一个有趣的心理现象,许多生活在和平环境中的青少年往往感叹生不逢时,英雄无用武之地。而真的战争过来的人,却热爱和平。这也给我们启示,阅读(尤其是历史阅读)能够间接地体会到战争的残酷,而不是如现在某些战争片那样把战争拍得如此浪漫、潇洒,给成长以错觉。阅读,能纠正错觉。

我们发现,记者的采访,总要追诉到被访者的童年足迹,好多人谈到了影响自己最大的一本书，是一本与自己生命融化在一起的书。阅读是让一本书真正属于自己的方法，对于青少年来说，因为它开启了自己成长的视角。

我们追求教育平等，也追求成长机会均等。应试教育就是因为考核简单、相对公平，因而在复杂的环境中成为公众的首选。同学们无法选择环境，但是，选择什么样的书，是不是认真读书，却是相对公平的。现在，书籍已经家家户户都买得起，电子读物已经随手可得，起点越来越趋向公平。阅读是一种主动行为，阅读不阅读，被动阅读还是主动阅读，寻找哪些读物资料，都是自己给自己的成长视角。多勤奋阅读就能开阔一些视野，多一些成长的视角。为自己选择怎样的书，就是给自己怎样的视角。青少年读怎样的书，就会形成怎样的精神世界。跟着娱乐八卦走，跟着由错觉武装起来的谍战剧走，就会晕头转向。

少儿的主动选择尤为重要。人是环境的产物，成人要为他们设置阅读环境。而当自我意志形成后，自己能否为自己选择环境，是自我成长的关键。

成长的视角是什么？它应当是一个焦点，是自己长期在观察社会、阅读书籍当中形成的思想认识集中点，也是一个人了解社会的信息集中点。可能各有不同，但离不开阅读。"读史使人明智，读诗使人灵秀，数学使人缜密，科学使人深刻，伦理学使人庄重，逻辑修辞学使人善辩。凡有所学，皆成性格。"我们从精神成长角度，主要叙述哲理视角、文学视角、新闻视角、历史视角、女性视觉、科学视角。生活的触觉延伸于新闻,形成现实图景,对现实的迷惑使人寻求哲理,哲理讲不清,不如诉求于形象的文学故事,诉求于具体的历史故事,随着发育成熟,诉求于异性视角。以上是人与人之间的迷惑,对于人与自然之间的迷惑,大都会诉求于科学,也会诉求于宗教。此外,军事视角、旅游视角、青春视角等在青少年中也大量存在,青少年会运用各种视角认识世界,在心中构筑未来的模型。

哲理视角

我是谁?我从哪里来?我要到哪里去?未经自己同意被出生,是偶然还是必然?灵魂存在吗?世界究竟是怎样的?宇宙有边吗?有边,宇宙外边有什么?无边,宇宙从哪儿来的?时间是什么?它有起点吗?如果有起点,时间以前是什么?如果没有起点,那时间又从何时开始?上帝造人还是人造上帝?这些追问,从古至今,是永恒的话题。

七八岁时,大部分孩子都会开始追踪自己的来源,寻找归属。只要不被阻抑,将来这些追踪就会变成家庭、家族的追踪,追下去便形成了历史感,形成了社会学概念,形成了自己思考问题的方式。从心理学角度看,最后形成了一幅由时间与空间交织的立体心理图像,为人文智慧奠基。

至此已经包括哲学的三个维度：生命意志、社会实践、方法论。

哲学，是阅读的深水区，是所有学问的指导师。但有一种怪现象，任何人都不会没有哲学性的提问，而任何人都难以圆满回答哲学问题，至少没有标准答案。哲学既是人类智慧的最高高度，也是人类最基本的问题，关于哲学的"喋喋不休"将伴随着人类始终。

从成长的角度讲，父母关注子女方法论上的掌握，尤其是思维方法上，尤其是与成绩有关的思维方法上，是一种技术层面的哲学。大量的父母有个共同的概念：探讨生命意志是没有结果的，探讨社会实践话题太大，探究些大话题空话题不如多掌握些方法技能，将来做个有能力的人。实用主义占上风，家长的导向颇有些"愚子政策"，没有系统观点，也就是说没有把子女当成一个完整的人，而是一个能力工具。社会上工具型的人生很容易"成功"，相反，许多哲理思考者则容易变成"书呆子"，好像"碌碌无为"，没有"成功"。外在成功的硬道理压倒了内在生命。

切断生命意志思考让孩子"节省"了不少时间，似乎孩子省了不少痛苦。切断的结果是人格结构跟不上身体发育，进而精神断裂。也可能切而不断，孩子自己逆反、狂想，进入不理智的状态。对于存在与消逝的痛苦思考是每个人必须有的，因为大家的处境相同，任何人都面临消逝。中学阶段，他们的心思中就已经不断地思考着毁灭、虚无。如果能够把这种思考融入人类智慧的大流，就会有正常的心境、良好的精神状态，就会探索生命、宇宙的源头。换句话说，消逝的痛苦反而是探索的动力。不甘消逝，则永远探索。

缺乏痛苦历练，则容易精神断裂。一个精神断裂的人，挡不住诱惑，看不穿红尘，做了物质世界的俘虏，成了欲海中的沉浮者。现实生活中精神断裂，使许多少年沉迷于网络，使许多成年在声色犬马中寄生。

反过来，生命意志、社会实践的思考从少年开始，伴随着终生，这样的人生才是完整的、饱满的人生。幸福人生是在真善美的价值引导下才能拥有的。这样的社会，才会和谐，才会充满正能量。

让我们挂一漏万地描述一些飘浮于我们生活中的哲理、命题。

阴阳五行、八卦术，把世界解释成阴阳两极。这个论调本身就包含着生命源头的解释与社会结构平衡的解释。宇宙的元素是什么？有说是水木土火，有说是地水火风，我们归结为金木水火土五行，与阴阳变化一并构成中华哲学。我们说万物的本源是道，道生一生二生三生万物。毕达哥拉斯学派从数的本质开始，"万物始基是'一元'，'二元'是从属于'一元'的不定的质料。从完满的'一元'与不定的'二元'中产生出各种数目，从数产生出点，从点产生出线，从线产生出平面，从平面产生出立体，从立体产生出感觉所及的一切物体，产生出四种元素——水火土气"。

古希腊人不断地探究生命、宇宙的源头，有米利都学派"水是万物的本原"之说，"气是万物的始基"之说，论证"我们的灵魂是气"；有毕达哥拉斯"数是万物的始基"之说；有赫拉克利特"火是世界的本原"之说，进而提出著名的"太阳每天都是新的"、"我们不能两次踏进同一条河"的命题；爱利亚学派认为"水和土是万物的本原"，提出了一神论的观点，其中芝诺提出了著名的"飞矢不动"命题；智者派主张"感觉是一切认识的来源"，"人是万物的尺度"。他们不断地假说，推断灵魂的来源、天地的形成、时空的构成。清代王夫之说："自虚而实，来，自实而虚，往。"天地之间，万古宇宙，我们就这样来往着。"认识你自己吧！"苏格拉底说。或许，读书是为了寻找回家的路。走得太远，忘记归途，人类便成了灵魂的孤儿。

对生命的思考是原动力，社会结构与方法哲学的思考积极性来源于对生命本身的关注。有这种源头思考的人，会终生保持追求的兴趣，他们在接受方法技术的时候就已经连接了生命的本义。信仰不是技术，技术或许可称为知识，而信仰是智慧，是整个生命意志的综合。

叔本华的悲观主义哲学与他对生命意志的否定与肯定，尼采的超人哲学，休谟的经验主义，胡塞尔的现象学，佛洛依德的本我自我超我说，荣格的集体无意识说，杜威的实用主义，鲁道夫的格式塔心理学派……行为是认知的还是习得的？中国的道、仁、礼、禅、悟、入世与出世、无为与有为、物与理、德与才、有与无、性恶论与性善论，天人合一，一个个哲学观点与方法，连接成一整层高质量的思维空间,连同着一连串的哲人,群星闪耀,组成了人类探索大队,在求真的道路上跋涉。尼采说,上帝死了,超人诞生了,于是"重估一切价值体系"。利己与利他、道德与发展、"天下为公"与"他人是我的地狱",一对对矛盾体在生命的精神空间交织着。用黑格尔的话来说,概念本身也在发展着,在客观世界中,也在主观意识中。他认为理念是绝对的,就在绝对与不绝对之间,构成了一组相对论的思考。

社会模式上,有柏拉图的理想国、圣西门的乌托邦、中国古代的大同社会、陶潜的桃源梦、敦煌石壁的飞天梦。从部落到国家,从母系到父系,财产平均是平等还是不平等? 基于对人类生存思考的社会学,引发了一代代学人深深思考、一代代志士不断探索。民主与法制,独裁与自由,真理从书本中一代代传承,一代代青年就是在追求真理的道路上抵制了蒙昧黑暗,开启了光明之路。一部世界史,就是世界寻梦史。中国梦,世界梦,一个个梦托起人类不甘泯灭的坚强个性。

为自由而努力,这是书籍的力量,真理的力量。

灵魂是怎样形成的? 意识是怎么来的? 幸福是什么? 简单而又永远说不清。为什么这个宇宙间有像人类这种有机物能与精神意识结合,而宇宙间有大量的物质都只能漂流? 如果说精神和意识是附着在固定的有机物上,那怎样解释身体在不断地更新? 为什么我们终有一死,却又要繁衍自身? 因为我们终有一死,所以要繁衍自身。前一个答案是后一个疑问的起点，前一个结论比照后一个是悖论。

人因为美丽而可爱，还是因为可爱而美丽？这问题好像鸡生蛋与蛋生鸡一样说不清。大千世界，说不清才构成丰富。"我们不能两次踏进同一条河"，因为河流每一秒钟都是新的；"飞矢不动"，因为时间不断切割成微秒后，就成了不动的弓、静止的弓。"白马非马"，如果白马是马，黑马是马，那么，白马是否是黑马？哲学系学生回到家，其父亲宰鸡款待，问什么是哲学，学生向其父亲解释哲学：桌上有两只鸡，一只是具体的鸡，另一只是抽象的鸡，即所有的鸡的总称。父亲说：那你吃抽象的鸡，我吃具体的鸡。有人告诉爱迪生：我要发明一种溶解一切的液体。爱迪生说：那这种液体放什么地方？这是科学，也是哲学。这一切多么有趣、微妙，引人思考。哲学是最有趣的学问，一点也不枯燥。这些哲学内容，如果作为一门专门的学问，或许高深莫测，但我们学哲学，主要是懂得哲理，不一定要成为哲学家。这些哲理融化于我们的生活中，散见于各种书籍、报刊中，一个人经常阅读这样的书报，就是让自己的生活进入哲理的境界，进入思考的境界。哲学阅读，不仅指明道路，更能提升精神、智慧。这一切命题、疑问，都得从青少年时期有所关注，才能为精神成长提升层次。

一个缺少幽默感的人不讨人喜欢，而一个缺少哲理思考的人让人觉得肤浅。从这个角度上讲，幽默与哲理一样，使人充满魅力。

阅读能放飞灵魂,而放飞灵魂最基本的工具是哲学。

哲学阅读,让人明白哪里是远方。

因你,我走向远方,是哲学层面的发问向生活层面的回归,以阅读为中介。

《小故事大道理》之所以盛行一时,就是因为符合人们从形象到抽象、从现象到本质的认识规律。对故事的多角度阐释是丰富的表现,但有些读物贪多求全,为了吸引眼球,不惜曲解故事、杜撰故事,甚至为了卖点不惜媚俗,这种阅读会带来致命的灾难。没有独立,就不会思考。故事到道理如果不以真正的哲学为基础,就会流入俗鄙。如今有许多比较庸俗的心灵鸡汤不可取,尤其是由厚黑学、关系学等组成的伪哲学,远离真善美,几乎是反人类的。奉行鸡犬哲学,对社会没有担当,把自己的成功建立在社会的痛苦之上,或者把哲学变为安慰学,弃道弄"术",这与某些家长教孩子只求方法不讲灵魂有相似之处。

许多少儿蒙学,如"知人知面不知心"、"逢人只说三分话,不可全抛一片心"、"马无劲草不肥,人无横财不富",这些庸俗处世哲学与仁义礼智信不协调,导致人与人的对立性扩大,无法统一在平等自由的点上,必将导致社会混乱。

这种思想也流行在书本、报刊当中。每一个中学生都会把正统文化与亚俗文化进行比较,都会有矛盾、有疑问。出现这个矛盾时,扬一己之私,物质可能满足,而精神会四处碰壁;立天下为公,则有些高处不胜寒。这种矛盾给我们的学子艰难的价值选择，其实，这种艰难预示着新的人道价值的普及，慈善代替奉献，基本的公民素质、修养代替圣人神格的高压。人可以有私心，但不能以自我为中心；可以利己，但必须在不损人的条件下。看一看，几千年前宗教的高格调就已经存在，长期在雅俗之间协调着自己，选择着价值。附庸风雅又何妨？苏格拉底说："美德即智慧。"那么，贪欲即蒙昧。只要不把高格调的宗教思想变为心灵鸡汤，变为人生的止痛片，不让欲望借着事业、成功的面目在人生道路上横行；只要自己在生活道路上不断阅读，不断调节，那种基于自保、基于安全的庸俗处世俗学，一定会让位于和谐、平衡的高层次哲学。

文学视角

文学阅读，范围无限广阔。围绕文学与成长的关系，文学主要是滋补精神，让生活丰富多彩，展示出一片广阔、美丽的空间。如果说哲学带给人"真"，那么，文学与其他艺术一样，主要带给人"美"。哲学属于抽象思维，那么，文学属于形象思维。文学阅读用他最细腻的、柔情的、悲壮的、具有感触力的语言滋养精神。时令文学也好，经典名著也好，总是把少年心里某个角落的东西激活，形成精神元素。文学作品以语言为工具，把内心深处思想感悟尽可能地展现出来，这是图像等艺术不能企及的，因为语言本身就是表达思想感情的工具。

徐雁教授说："全民阅读的希望一定是儿童阅读,全民阅读的基础一定是文学阅读。"我想,其原因大概是因为文学充分地展示了内心世界。周作人说："读文学书好像喝茶。"茶心相连,文学滋润心意。

无论是神话、童话、民间故事、寓言,还是庄严的史诗、诗歌、散文、小说、戏剧,文学作品都用生动的故事、鲜明的人物、强烈的感情叩开人们的心扉。只要爱好文学阅读,每个人内心都会被某个人物、某个情节、某个细节、某个道理、某句话深深地打动过,在生命记忆的仓库里存留下这些元素,让自己精神饱满。

作家王小波说："我十三岁时,常到我爸爸的书柜里偷书看。那时候政治气氛紧张,他把所有不宜摆在外面的书都锁了起来,在那个柜子里,有奥维德的《变形记》,朱生豪译的莎翁戏剧,甚至还有《十日谈》。"偷书的结果是,"井底之蛙也拥有一片天空,十三岁的孩子也可以有一片精神家园"。

但是,读名著的呼声与现实中时令文学强大的吸引力形成了矛盾。加之与应试教育冲突,读名著有时也成了中学生的奢侈。家长会上,家长交流的经验居然是如何切断宽带、电视,更荒唐的是讨论如何禁止孩子看"与课内无关的闲书",害怕被闲书带歪了,害怕浪费时间。把教育变成了战斗,教育者与被教育者成了阵线分明的敌我关系。

家长不懂,有些教师居然也不懂。许多班主任也指导学生纠正看"闲书"的坏习惯，他们主要禁止的是文学书。

在禁止文学书的行为中，儿童成长道路上的精神空间被抽空了。

当然，有些流行小说确实不要多看。在文学内容选择上，有人主张直奔大师、阅读名著，有人主张能够打动心灵就好。对于中学生来说，时令文学是最能打动人的。选择哪些内容，关键看是否有助于精神成长。

侦探小说、武侠小说以强大的逻辑趣味与恐怖、揪心程度来吸引人，言情小说用他们的象牙塔之美吸引人。它们最大的特点是超越现实，脱离现实。

儿童读童话，可以是唯美主义的。到了少年，完美的想象与现实的冲突已经被发现，停留在唯美想象中就会缺少观察现实的眼光。文学阅读，不能被唯美牵着鼻子走，不能像看韩剧那样。到了青年，还停留在唯美主义下，读些超然于现实的作品，这就是大量的无效阅读。武打小说、玄易小说阅读，与从前神怪小说阅读一样，是人类超自然追求的表现。超自然中求得人生完美，从中获取超越现实的精神力量。如果是少量阅读或者批判阅读则无妨，若大量沉浸于不现实的天地，固守虚幻，则会成为心理障碍。真善美，是以真为基础的。求真才能向善、致美，失去了真，最完美的作品也是无力的。

反过来，追求真，也不是拍照，撞击欲望不是真正的真。这些作品表面上引起所谓的共鸣，实际上打动心灵的却不多。打动心灵的是让人理解生活、悟出生活真谛的作品,是让灵魂得到升华的作品。撩拨本能不应该是文学的功能。生活不排斥欲望,欲望是真,文学是生活的反映,文学不能要求欲望缺席。而欲望表达的目的是让人认识欲望,走向人性的光辉。与其他艺术一样,文学也以美感人,以美的追求陶冶情操,实现德育。

文学活动,既不能停留在欲望抒写上,也不能停留在侦探小说那种心智活动探索上,而应当进入文学审美的自觉,从阅读中产生自我认同、自我完善。青年可以读到现实的不完美,从书本中感受对现实的解剖与拯救。人生道路就在这些现实的不完美之下,才会追求完美,并且知道难以达到,才会产生终生为之奋斗的理想。作家奥威尔在谈自己为什么要写作时讲过:"渴望推动世界向某个方向前进,渴望改变他人对于献身其中的社会的认识。"

法国小说《红与黑》,书中主人公于连把拿破仑作为自己的偶像,用对《圣经》倒背如流来获取做家庭教师的资格,接着做家庭主妇的情人,从而向上流社会迈进。我们年轻时看了,没有中毒,而是更深刻地看到了社会等级森严的现象。我们接受主人翁向上迈进的动力,又会扬弃其不合理的成分。孩子没那么娇嫩,现在网上什么都有,关键是读得杂,正正反反都有,就不会迷茫。

文学理论在文学美的娱乐功能与善的教化功能之间不断地争论着,不断地争论的还有文与道、内容与形式、诗言志与诗的意韵意境之美的关系等。

从阅读与成长的角度看文学视角,需正面引导,切忌高大全。榜样神圣化后,效果就没了。神化是简单欣赏用的,不是追求用的。要显现出人道精神,而不是神道,显示出常人态的榜样。如果这个榜样一点缺点都没有,反而给孩子压力。当看到榜样的缺点后,心理反而释然。一个父母隐瞒孩子,把自己装扮成不上网、不玩扑克的偶像,比不上另一对父母坦诚地告诉孩子我会玩扑克、爱上网,但我能节制。后者的儿女明白,大家都这样,都在克服自己的欲望,于是充满了信心。

真,才会导向善,才会美。让那些人性化的、有缺点的英雄成为偶像,有利于引导少儿精神在砥砺中向前。

再以《西游记》为例。孙悟空是少儿的公众偶像,儿童时,我们从连环画与电影中已经知道有个英雄孙悟空。那时佩服他刀枪不入,不生不灭,十八般武艺,七十二变,一个筋斗十万八千里,还有火眼真金,目光敏锐。文学作品创造出的英雄形象,给了孩子们一片美的蓝天,舒心、安全、自由。

当时留下了一个疑问:武艺高强的孙悟空居然是徒弟,而没有半点武功的唐僧却是师父。这是个大疑问。

长大后明白,作战能手需服从指挥高手,弱不禁风的将军可以率领一支庞大强悍的军队。

再长大后,明白了造反派孙悟空被招安,明白了妖怪的后台是多么强大。通过文学理论指导,明白了魔性、神性、人性、猴性的解读方法。孙悟空有本领，唐僧会坚持，沙僧忠厚老实，八戒活跃气氛，四个都不是完人，四个都充满个性，却组成了一支坚强的团队。大家以此讨论四人组合最后成功的奥秘，讨论共性与个性的最佳组合，从而提供企业文化指导。

现在最佩服唐僧，宁可倒在取经的路上，也要追求真理。也就是说，我们阅读《西游记》，从孩子时对师徒四人的疑点开始，到社会关系、团队组合，再到精神追求，形成一支成长线。

对于中老年人，文学作品多是帮自己解读生命用的，也用以认识社会；而对于青少年，则更多用于认识社会，引领真善美。中老年人往往充满阅读回忆，回忆着感动过自己的几本书、几个人物形象。如普希金所说，即使是当时非常艰难的学习过程，都会成为亲切的回忆。年轻人读过文学作品后，进入大学，进入社会，翻看自己的"历史"，就会给自己理出传承的脉络。因阅读，生命意识就会十分丰富。

文学作品的阅读在于提升感受力，为理性升华作储备。在创作理论中有一种观念认为，哲学止步的地方，文学开始。那么反过来，青少年阅读从文学开始，读懂生活，走向哲理。

以我们这一代人接受的文学阅读为例。记得自己年轻时看《晚霞消失的时候》，小说中有一问：铁的发现是让人类走向文明还是人类野蛮的开端？这一问，正在年轻时的我，好像突然站到了人生的好望角，一种新的感受充满了我的内心。然而，问题至今没能解答。用数学语言来说，叫本方程无解。

后来继续让我震惊、令我思考的有《绿化树》、《男人的一半是女人》、《古船》、《新星》、《蹉跎岁月》、《人生》等一系列风靡当时的作品。在此我还是重申一点，阅读需要感受力辅助理解力。当代小说更能够给人时代的感受力，一路阅读时令文学，就能一路与这个时代脉搏共同跳动。

我们也读过琼瑶、金庸，欣赏过这一类书，回忆起来，当时美了一阵，但指导现实的意义不大，促成自己的成长还需要那些深入社会的文学作品。言情武打这些书不是不能读，而要明白这主要是消遣阅读。

经典文学给人生命的震撼。

一连串西方文学经典中的形象，让人思考，给人丰富的思维空间。文学名著给自己未来的生活道路一个轮廓，一种形象展示的平台，尽管不比时令文学直接。读古典经典文学会有时代沟通难度，读西方文学经典沟通难度更大，对社会背景、文化习惯不熟悉，会影响阅读投入程度。但只要适应了，就会有旅游的感受，走入另一个世界。

阅读一部长篇小说，一个人几天沉浸于小说情节之中，外在看来有些"木讷讷"的，而实际上他生活于另一片天地中，获得了另一种感受力，为自己对生活现实提供了丰富的比较依据。当然，也有的小说把人带入这些情境之中回不来，往往是一些不指向现实的小说,如有些武幻小说、玄易小说。对这些小说,如果正确阅读,可以防止"回不来"的现象,动下笔,说出自己的感受,分析下小说对自己思想认识的影响。经过动笔分析,哪怕是读最不现实的小说,都会让人站到批判的角度,回到现实之中,获取有益的东西。

美国总统尼克松曾说:"最难回答的问题是向别人推荐阅读书目。我喜爱历史、传记和哲学著作,但也同意一位涉猎广泛的报刊专栏作家默里·坎普顿的看法。他最近告诉我,文学名著不可不读。一个人可以从托尔斯泰和陀思妥耶夫斯基的小说中,了解到较多的关于俄国革命力量的情况,他们曾在 19 世纪震撼了俄国。如只读学者们对那段历史所作的不真实的描写,则了解不到当时的情况。一些当代比较好的小说是对现实生活的较准确写照,比学术界象牙之塔上产生出来的带有偏见的多数鸿篇巨著要准确得多。"

还是那句话,阅读虽不能增加生命的长度,却能够增加生命的宽度。

文学阅读有助于理解他人的存在方式,从西方经典小说中了解中世纪贵族与他们的宗教生活,从古诗文中了解中国文人的情怀,从神话中了解古人的存在方式。童话给人梦想中的世界,超越现实的梦。《百年孤独》看到了拉美的生存状态,普希金让我们看到了激情与高贵。歌德把诗歌与哲理融而为一的生存思考方式,给了我们宏大的启示。这些作品,连同鲁迅笔下的阿 Q、茅盾笔下的商人、莫言笔下的东北高密王国、曹文轩笔下的油麻地,一个个

"场"，一片片田园，一本本文学作品，成为一幅幅画卷，丰富我们的精神。

很难想象，如果没有古今中外文学名著记录、创造的世界，没有这些名著展示的生存方式，我们的精神将是多么贫瘠。阅读能放飞灵魂，因为阅读能让人与这一连串丰富的人物为伴，走入其内心世界。文学是最好的艺术，最能促发人的感受、成长。

在成长的道路上，父母太正确了，永远站在所谓的道德高地，实为功利的制高地，压抑孩子，结果被孩子内心所否定。而文学作品是真正的精神高地，而且不止一座，足以让人登攀，任由孩子逆反。或者，文学本身就是逆反。或者，眼界已经触及人类的高度了，还向哪儿逆反？弘扬真善美，这是精神成长的最好的坐标。即使有些男同学不喜欢《红楼梦》，女同学不喜欢《三国演义》《水浒传》，也无法否定它们。有了这些经典名著，好好阅读这些经典名著，学生的精神就会独立、丰富、爱思考。起码，不随波逐流。

如今，在媒体发达的网络时代，文化何去何从？我们进入了消费时代，据说消费时代缺少阅读，容易被影视图像裹挟着走。相信坚持阅读者，尤其是主题阅读者、名著阅读者、与时代脉搏一起跳动的阅读者，是不会被淹没在消费主义之中的。阅读者，坚守者。

古典诗歌阅读、西方经典诗歌阅读大家也熟悉了，其本质还是形象思维。诗歌不仅带来思考，更有美的引领，诗歌是文学美的制高点。20世纪80年代朦胧诗出现时,激动了我们一代人。"黑夜给了我黑色的眼睛,我用它寻找光明。""高尚是高尚者的墓志铭,卑鄙是卑鄙者的通行证。"一系列诗让年轻的心受到震撼,从另一个视角看到了世界,寻找,探索。

文学阅读最应当推崇的是散文,散文常常能抵达心灵最柔软的地方。尤为推崇名家散文,它们是作家溢出来的,是学识饱满后的自然流露。再要推荐中老年散文,行远知深,一个行万里路、饱经风霜的中老年人,所见所感满是散文的好材料。如果说诗歌阅读如登高,那么,散文阅读如散步。进入散文阅读,让心灵感触世界的角角落落。

可以这么说,诗歌、散文阅读,让人高贵典雅。作家王小波曾经说过:"一个人拥有此生此世是不够的,他还该拥有诗意的世界。"

新闻视角

现在是信息爆炸的时代,是新闻的时代。每天大量新闻让人目不暇接,热点迭起,似乎让人很少寂寞、无聊,我们赶上了热闹的时代。在这个时代,想不知道重大新闻都困难。就算你没有投入思考,新闻还是送到了你的眼前,就算你闭上眼睛,车载新闻也送到你耳边。这年头,不是读者观众的眼球瞄准了新闻,而是反过来,新闻瞄准了人们的眼球。

　　我们想一想，当一个正在成长的少年面对这么多的新闻，是有利还是有弊？怎样才能有利？怎样的新闻阅读才能促成少年成长？新闻阅读如何与历史阅读结合？报刊电视网络在"炒"新闻，我们怎样不被"反炒"？

　　关心新闻若以关心他人为出发点，则是有益的；若仅仅以追逐刺激为出发点，则是有害的。新闻发生在他人身上，关心新闻就是把目光投在他人身上。

　　一个婴幼儿关心不了他人，体能与心智都不具备关心他人的条件，周围发生与己无关的事，就不可能去关心。婴儿关心"新闻"，仅仅以对自己的刺激大小为准。而一个成长了的人，既要具备关心他人的身体条件，也要具备关心他人的心智、精神。能力发展，兴趣发展，责任也要跟着发展。一个人如果到青年，还不关心新闻，他就没有关注、关心他人的品质，那么，他的精神发育则不成熟，他可能不会有社会责任心。

　　反过来，一个人在生活中基本自立后，自然会关注他人的生活。关心他人的生存现状，其实也是在关心自己的生存处境。新闻让人看到与自己同时代的人是怎么生活的，他们在想些什么、做些什么。每一个新闻，都会与自己有着或远或近的联系，直接与自己相关的新闻更是牵动神经。新闻是一种离触觉最近的东西，新闻将时代的脉搏与自己的心脏一起跳动。

　　因此，能不能接受新闻，是一个人成长的标志，关注怎样的新闻,具体决定着一个人的成长方向。有的人对国际新闻感兴趣,有的人对生活新闻感兴趣,有的人对科技新闻感兴趣。当然,也有的人对桃色新闻、花边新闻感兴趣。对新闻漠不关心的人很少,但被时尚、时髦、刺激的新闻牵着鼻子走的还真不少,算是被"炒"的典型。这会阻碍自己的成长。新闻阅读跟着感觉走,自己的大脑成了新闻娱乐场,成了商家需要点击率的工具。如英国教育家斯宾塞说的:"他们不求了解天体的结构,却钻研关于苏格兰玛丽女王私生活的无聊争辩。"

新闻阅读在成长的道路上具有两重意义,一是跟上时代,二是形成自己、完善自我。职业是自己与社会的触点;新闻是自己对社会的视点;理想目标是自己对社会的希望,是自己的人生追求。关注新闻,形成自己的社会视角,既让自己跟上时代,选择将来的职业,也让自己形成兴趣中心,培育自己的精神。

大灾难新闻,生慈悲之心,引发对人类命运的思考;地震、台风、洪水,引发人与自然的思考;飞机失事、火车出轨,引发安全、责任的思考,引发科技的思考,引发偶然性与必然性的哲理思考;非典、禽流感、疯牛病、埃博拉,引发环境卫生的思考、生存处境的思考,大量思考都指向人类命运。在这个大思考面前,认识宗教,认识哲学,认识大爱,发宏愿,生善心。以此出发的社会工作选择,就会是高境界的,具有终生动力的选择,由此一生精神饱满。

新闻是耳目的延伸,同学们在新闻阅读中认识社会。没有新闻,成长就局限在狭小的生活空间。有了新闻,特别是有了现代传播速度的新闻载体,人生就放大了千百倍。关注他人,关注国家、民族,生活很有意思,生命很有意义。

学生在新闻中感受到必须做个守法的公民,优秀的公民,有所担当的公民。当你读新闻而心潮澎湃,那是你新闻激情的开始,是精神进步的信号。

一系列的新闻关注,形成人的知识框架,其精神必然丰富。当一个人在新闻阅读中关注这一切,他已经把自我与世界紧密相连,即形成了自我、完善了自我。

不要怕模仿罪恶而不传播负面新闻。相反,掩饰负面新闻,变为小道消息,这样危害最大,遮遮掩掩,就会放大负面影响。精神没那么娇嫩,娇嫩都是在呵护中形成的。让精神在负面新闻中捶打,未尝不是件好事儿。

让自己不跟着感觉走,既不做八卦娱乐的跟屁虫,也不做小道消息的俘虏,重要的是要有自己的新闻评论,形成自己的新闻视角。独立阅读也是新闻阅读的重要内容。接受新闻,必须通过媒体,但不能受制于媒体。传播系统、媒体系统太具有组织性,会阻碍读者观众形成自己的思想。热点阅读可能是掐架阅读,掐架是各种力量运行的结果,而对运行原因的探究,对各种力量的分析,才是目的,是知识智慧。

选择有质量的频道、栏目,接受师长与同学的推荐,同时自己形成自己对该栏目的价值判断,形成自己的新闻接受架构,从而形成成熟的新闻阅读。给自己一个理由,一个阳光的、积极的理由,我选择这个频道、栏目,目的是让新闻在我的思维中深呼吸,或者反之,让思维在新闻中锤炼。

论坛是深呼吸的好地方,也是读者间掐架的好地方。这种掐架,不在于胜负,而在于穷尽道理,听到各种不同的声音,形成自己的判断。

历史视角

通过重大新闻回放,形成个人历史感。对新闻的关注,对现实的疑惑,必然追向历史,思路由社会现实向历史挺进。

我们常常嘲笑一个小屁孩写作文回忆过去,认为他们没有多少历史感。其实,历史感就以自己的经历为起点,自己的经历与同时代人的经历构成自己对现实的理解。《看历史》主编赵婕在她的《热历史》序言中引用浙江大学历史教授陈新的观点:"美国历史学家卡尔·贝克曾说过:'人人都是他自己的历史学家',意在说明每个人都离不开自己的经验和想象,在用历史塑造自己。这个命题也可以鼓励公众通过了解历史学来认识自我。因为每个人,就算是一位微不足道的小人物,也会有对于历史的要求,存在对历史表达的欲望。当一个小人物在日常生活中进行各式各样的证明时,他很难不利用历史阐释来完成。"

新闻激活历史,在现实的疑惑处、徘徊处,历史开始了它的脚步。一切现实的都是历史的,一切历史都是现实的。在这个新闻爆出的时代,关心他人到关心时代,目光自然伸向历史,伸向远方,伸向那遥远的过去。向最远的地方寻找答案,就是追溯历史,产生深沉的历史感,向历史挺进,是深度新闻阅读的方向之一。

历史感是成熟的标志之一。形成历史视角,有了历史感、沧桑感,可以说是完成了精神架构的基础。高层的哲理发问也只有在此基础上才有价值,不然,没有历史内容的哲学发问是空泛乏力的。

没有探索精神就不可能有真正的历史阅读。假设有了历史感,那一定会探究、穷追真相。

李泽厚先生曾说,相信下一代会找到更合理的生存方式,寻找最优化的制度。这制度是什么? 又是怎样的? 联系历史,有思考不完的内容。

狄更斯在《双城记》的开头说:"这是最好的时代,这是最坏的时代;这是智慧的时代,这是愚蠢的时代;这是信仰的时期,这是怀疑的时期;这是光明的季节,这是黑暗的季节;这是希望之春,这是失望之冬;人们面前有着各样事物,人们面前一无所有;人们正在直登天堂,人们正在直下地狱。"

我们反对那种极端的、惰性的说法,然而,剧变的社会,问题多多的社会,亟需少年们关注。睁开眼睛后,满是历史探索的热情。

这是个多元思考的时代,这是个观点碰撞的时代,这是个激情砥砺的时代。谁也无法一统观点,这是个阅读历史的黄金时代。

当你在社会、历史的道路上探索,那么多的历史大故事在你面前,何愁精神不振?何愁弯路邪路?时代的使命感、公民的责任感悄悄地成于心头,扛于肩头,人生正道从此开始。

应当读地方志。读一读地方志,问一问父母爷爷奶奶,也会从家乡、家族史中了解历史,培养自己的历史感。

地方志是充满触觉的历史,充满体验的历史。

特别是近30年,变化太大了。"一支支高大的烟囱直通云霄,一杆杆电视天线像蜻蜓趴在屋顶上",一晃儿,我们进入了后工业时代——信息时代。《家乡巨变》,我们从孩子时写起,后来教孩子们写,自从轿车进入乡村后,如今要反过来写《守护故乡》,回归农牧文明的宁静、环保、健康。美的符号从机器美回归到了农工美。

家乡的一条路、一条河,当年的轮廓还在吗?自己生活的地方、祖辈生活的地方,应当多去问问,用现在的话说,叫真人阅读。此外,地方材料很多,民间传说、历史掌故、行政变迁,很多资料都牵动着自己的血脉。社会学家费孝通写的《乡土中国》,就是从乡村人际关系中描述社会关系,从本质上认识血缘社会是怎样生存的,他们依靠的公平力量是什么,他们的文化心态是怎样的。不要用"落后、愚昧"两个词语来简单概括,而要用存在即合理来分析他们千年存在的合理性在哪里。20世纪20年代提出的改造乡村社会的目标有没有实现？鲁迅在《故乡》中描述的乡村凋零状态是怎么回事？比之现在的城镇化有什么异同？以过往平静的乡村社会来理解当前城镇化的现实，一定会有很大的收获。

现今的少年如果家里还有些粮票、糖票、烟酒票之类的，收藏起来，看一看上一辈是怎样生活的。若没有，读读有关书籍，在网上读一些图片与介绍。我们会发现，历史也是很有趣的。在互联网时代，地方志与这些微历史可以由大量的小人物来集体完成，人人都是历史的参与者、记录者。

收藏是历史的触觉。历史可用来赏玩，一个古玩带动一段历史。具体的微历史研究已经包含、浓缩了宏观的历史架构，会让人走进历史图景，走入他们的生活，走入细节，体验古代社会。没有这种历史感，在一件样式破漏的古玩前，你只看到钱，发现不了历史的沧桑美。

把读与行结合起来，自己悄悄收藏一些自己钟爱的东西，同时又从书本中查找这些材料，阅读文字解释，就会具有丰富的感受力，对自己精神成长很有好处。每人都搞点小收集吧，有收集就会有爱惜，就会产生理解探究的愿望，就会形成健康的乐趣，也更容易形成历史感。尤其是现在那么多孩子有独立的房间了，这些自己喜欢的收藏会让卧室成为可爱的精神空间。

当这些收集成为兴趣点，就会以阅读来扩展自己的内容，形成一个体系。既为将来职业提供参考，也可丰富生活，还可作为研究对象,成为事业。

　　另一种历史阅读是传记阅读。人物传记可以是现实的人,也可以是历史人物。新闻传达了别人的一个故事,传记把别人的一生呈现在读者面前。传记进入了主人翁生活的角角落落,让我们从细节中体会他们的转折过程,阅读传记的过程是主角与读者心灵融合的过程。

　　美国总统胡佛曾写文章《感谢格蕾》,教师格蕾建议 15 岁的少年胡佛读《大卫·科波菲尔》等书,从此开阔了眼界,使他"沉迷于萨克雷、欧文的作品,华盛顿、林肯、格兰特的传记"。

　　央视主持人白岩松也说:"读传记是体验不同人生的最好方法。……多读人物传记,也就时常能在别人的一生中,找到自己未能体验的丰富人生。……看传记中人物在苦难面前是如何走过的,人生最关键的几步又是如何定夺的。我们每个人的一生都不可能重来,因此关键处也就那么几步。看多了别人的传记,关键时自己的主意也就好拿些,会避免一些错误和失误,当然这是一种实用性的做法。而更多的,在优秀的人物传记中,我们会读到一种人生观,一种对生命的感悟与思考,这正是开卷有益之处。"

　　不过,少年读传记,不仅在于体验丰富人生,更重要的是形成整个人生的架构。处于少儿期,对一生的架构是不明确的,他们以想象来理解成年人的心态。读传记,尤其是实事求是地展现自己思想变化、性格变化的传记,甚至有自我批判成分的传记,让少年对自己的未来有个变化的准备，也让少年能够从一生的角度来看待自己当前的处境，这样才能宏观地规划自己的人生，才能减少盲目逆反带来的损失。

比起小说人物来，传记产生的影响更切实际，更接地气，这是指实事求是记录的传记。而那种涂脂抹粉的传记，只会给少年带来不切实际的盲目或者迷惑。

工商视角

市场经济本身就是对个人利益行为的肯定，而我们的教育一直在坚守着君子不言利的道德制高点。我们的社会需要发展，需要工业化、商业化，需要各人把自己的利益最大化以形成发展动力。商业利益本来就是分蛋糕的事，亏空是大家都不愿意的。在你多我少之间互相讨价还价，把自己的利益最大化，不存在道德问题。即使是朋友、亲眷之间，各人也都有自己的权利。

义利是一对矛盾体，物质发展与精神文明似乎总有冲突。加之奸商现象、为富不仁观念的大量存在，因此社会上容易得出无商不奸的结论。世界经济史中有不少是掠夺、殖民发展史，商业道德就在军事政治的压抑下呻吟，世界贸易史与海盗史并存，有些人干脆把世界商业史戏说成海盗经济史。

也许因此，我们中学教材中少有企业家、商人的位置。这是传统教育留给下一代的缺失，也加大了无商不奸的错觉，商人被压抑在道德的最底层,好多人在道德批判中还口口声声谴责商品经济带来的道德滑坡,让本该得到发扬的市场经济背负着沉重的包袱。

把某些国民道德素质滑坡的责任推给企业家、商人,等于迎合经济越发达、道德越下降的义利对立的惰性思维。概念界线模糊,久而久之,商人被贬损为唯利是图、尔虞我诈、贪图享乐的形象,甚至成为欺压百姓、腐蚀贪官的反面教材。

尽管众说纷纭,而企业家、商人在中学生心中的位置却不低。起码,大部分同学将来成不了科学家,而可能做一名或大或小的老板,做或大或小的生意,这是非常实在的。实业精神是一种现实需要,也是一种生存需要。

孔子说过:君子生财,取之有道。他有过这样的理论:邦有道,贫且贱焉,耻也;邦无道,富且贵焉,耻也。道理讲清了,问题依旧没解决。

经济学家亚当·斯密的《国富论》指导资本主义世界长达两个世纪,而作者花在《道德情操论》的时间远远多于前者。前者关乎社会发展、经济繁荣,后者关乎社会公平、生活稳定。到现在为止,没有一个满意的解释,利义之间,利己与利他之间,如何平衡协调?

在芜杂的观点之中,有一点渐渐成为大家的共识:企业家是社会的宝贝,当然,是指那些合法经商者。尤其是许多民营企业家,他们投资实业,大家就有了就业机会;他们创造优质品牌,提升了我们的生活质量。

少量的地方保护阻挡不了人们追求自由贸易的脚步,全球大品牌都是以高质量高服务取胜,不是地方保护的成果,更不是武力的结果。经济大潮,大浪淘沙,能者居之。

多读商人传记,多理解他们浮沉商海的酸甜苦辣与思想境界,对中学生脚踏实地地进行人生规划很有好处。

以乔布斯与盖茨为例,这两位来自大洋彼岸的企业家,国人大多耳熟能详。他们的创业故事吸引了青年人的眼球,独特的经营模式给呆板的数字经济以诗化的色彩。他们深深地影响着工作节奏与社会发展模式,牵动着每个人的神经,丰富、温暖着每个人的生活。他们成为偶像,影响了一批批青年,成为我们的精神元素,给我们生命以启迪。

中国则有张朝阳、马云、李彦宏、马化腾等企业家,阿里巴巴、百度、盛大、当当等互联网公司也日益壮大。

他们的经历与思想告诉我们:工商企业家,不是拜金主义、享乐主义的源头,恰恰相反,他们是踏实苦干的榜样,是仰望星空与脚踏实地的结合体。

现实多少会让人迷茫的,而停留在伤感上则是"小我"的反映。

如果我们青年对创业还停留在获取利益而花天酒地这个层次上,那么,这种模式会不断刺激无商不奸的判断,使我们的经济运行走不上健康的轨道。如果我们青年对创业还停留在官商勾结、利用特权这个层次上，那么，这些人就是赚钱腐败的低俗者。阿里巴巴改变了人际关系，在中国建立了不相识的人与人之间做买卖的信任感，切中了人的需要，建立了商业道德。

胡适说："商业是文明的标志。"因为商业是平等的交易，因为商业是关心、体贴他人的结果。真正的商业不是用武力、权力向对方说"拿钱来"，而是用悉心的关怀来获取他人的尊重，用自己的勇气与坚持获取品牌与荣誉，吸引人们的眼球。盖茨与乔布斯的经历告诉我们：只有以人为本，深入生活，关心他人，走入他人的内心世界，知道他人的内心需求，才会懂得世界，懂得商业，才会有长期经商的坚定信念，才能树立自己的品牌。就算是为了商业目的，为了赚钱，就算关心他人不是目的而是手段，但用关心他人赚到钱，也没有什么错误。关心他人获取回报，也是一种很好的平衡，是对社会有益的平衡。

契约是商业文明的根。温家宝总理说："企业家的身体应当流淌着道德的血液。"反过来，在正常社会里，血液中没有道德者，就聚不了人气，成不了企业家。

乔布斯早逝，给人以生命财富的思考，他说过："成为墓地中埋葬的最富有的人，对我来说没有意义。而在睡觉之前告诉自己，我们做了了不起的事情，才真正对我有意义。"而盖茨走向慈善，布道全球，则把生命的意义、工商业的精神提升到了新的境界。如他自己所言："不要让这个世界的复杂性阻碍你前进。要成为一个行动主义者，将解决人类的不平等视为己任，它将成为你生命中最重要的经历之一。"他正在用自己的行为实践着钢铁大王卡耐基的名言："带着巨富而死，是一种耻辱。"

学者傅国涌曾经这样转述民国企业家承担的社会责任："从造桥修路到捐资助学，或兴办学校，近代企业家对公益事业始终充满热忱。张謇自述办实业的动机是为了教育，他从办第一家大生纱厂到二厂、三厂，到铁厂、油厂、面粉厂、印刷厂、轮船公司、垦牧公司，把实业作为支点，以实业为母，教育为父，办师范、办普通中小学、办幼稚园甚至办大学，然后建博物苑、图书馆、气象台、剧场、公共体育场，以及育婴堂、养老院、济良所、残废院、医院、公园等大量的慈善和公益事业，几乎是以企业办社会，南通成为他建设'新新世界'的试验田，也成了那个时代中国的模范城。他不仅奠定了南通一隅的现代化基础，而且他创造的这个'南通模式'直接影响了荣氏兄弟、范旭东、卢作孚、穆藕初等人，间接影响的人更是不计其数。"

文化大国，应当给少年以工商视角，应当回视实业救国的商业理念，弘扬积极的工商业精神，并且把这些精神普及到中小学之中，落实到课本之中，落实到高考作文之中，代替更多的政治偶像、军事偶像、文人偶像，甚至代替部分科学家偶像。弘扬工商业偶像,才能发展健康的经济;去除官本位思想,文化才能真正大发展。

阅读这些企业家传记,深入社会历史,让工商业偶像与政治文体偶像一样,在中学生心目中达到同样的权重,甚至前者超过后者。让那些活跃在生活周围的工商界人士,成为贴近学生生活的实实在在的偶像,如此影响出来的青少年才能既脚踏实地又仰望星空。

走进企业家的打拼历史,描绘自己的工商美景,走进"大我"世界,重新注释财富,站到以人为本的角度体验富人"为民生谋福利"的事业境界,激励自己,挑起社会大梁,这才是真正的工商业之道,才是正确的工商视角。如此,何愁青少年精神不振?何愁道德不彰?何愁建不成宽容的文化大国?如此,人生伤感只是一时的点缀,而生命因财富与济世而真正地精彩。

女性视角

女性阅读包括这样一些内容:女性作家及作品、写女性的作品与作品中的女性形象。而在具体阅读中,才女阅读占有很重要的成分,此外,还包括相对存在的男性阅读、青春阅读。

普遍认为,细腻美是女性视角的特质。

有人说,女人是学校。在一个人的成长道路上,需要阳光,也需要月光。女性是月亮,照到哪里,哪里就有清凉美好。也许因此,许多女性阅读陷入了唯美阅读,这是女性阅读的误区。

从少年开始，对异性的好奇不断加大，是动力还是阻力？是正能量还是负能量？这要看自身怎样对待这些好奇，怎样接受这些女性（异性）。

性别追求的动力非常强大，有涵养者在异性追求中不断地明白人生，培养自己，成为完整的人；没有涵养的人在异性追求中堕落，不能自拔。阅读是非常重要的提升涵养的手段，阅读本身是细腻的，包括阅读那些阳刚文字、悲剧文学。

性别认同的动力也非常强大。认同过程，既有本能的，也有责任的。男青年长了胡子，也长了责任。当责任强大时，认同就会成为正能量，身体与精神发育同步，就会是成功者。当一个男孩子认同自己为男人，就会认识到自己将来得肩挑重担。尽管有些男孩子认同过程中抽根烟、喝下酒，表示自己是男人，但他要意识到男人的本质就是责任与力量。

一个女人认识到自己是女人，就会抹一下口红，穿一下高跟鞋，这些都是表面的。女性在承认自己女性形象时，既要让自己成为成熟女性，又要服从男性审美要求。在内心思想上，女性远远比男性复杂、痛苦。

好在如今社会多元，角色认同允许丰富多样。

对淑女形象的逆反，往往构成女权阅读。前些年流行叫女强人，现在时髦叫女汉子，还有上世纪末港剧中的野蛮女友。追溯到古代则有花木兰替父从军，穆桂英挂帅，梁红玉抗金兵，秋瑾反清……

真正的女人味应当是有刚有柔的。

在教科书中,居里夫人是同学们公认的女强人形象,她也是才女,所谓的知识女性、知性女子。才女阅读,是目前少男少女的热门阅读。民国才女阵容强大,给我们的美学史添上浓重的一笔,也为我们贫瘠的女性史增添一点精神的光亮。有人把张爱玲、萧红、石评梅、吕碧城誉为民国四大才女。办报,办学,启民智,接纳新思想,民国女性在这一股思想多元的潮流中成长起来,如鲜花盛开,给人以美的参照。中学生普遍认同林徽因,这个被时代宠大的才女,不知吸引了多少少男少女的遐想。而这种认定,暗含着否定刚性女子的倾向,也有唯美倾向。但无论如何,才女阅读与唯美阅读有质的区别。前者融入了社会、历史、文化,仅用唯美阅读来解读民国才女,是不妥的。

才女阅读对中学生的引领,胜过很多家长苦口婆心的说教。

法国作家西蒙·波娃在《第二性》一书中充分分析了女性,客观地认识到女性作为第二性存在的依据,揭示了当代妇女面临的困境,被誉为女人的"圣经"。她是女权主义创始人,她本身也是才女,她自身的经历与才华引得许多青年崇拜、模仿。

其实,我们还在淑女形象中脱不开身,还在"弱者,你的名字叫女人"的状态下。好像选择题给了女人,女强人与淑女之间,二者必居其一。女人味要求女人胆怯些、小鸟依人些、能力弱些,甚至可以有些许的絮叨，就是不要太强势。于是，淑女一碰上恶劣环境，就变成怨女，大量小说中描述了这一类故事。薛宝钗是淑女型，她在顺境中保持着很好的修养，如果在逆境中呢？林黛玉小心眼儿，爱耍小脾气，实为怨女。《青春之歌》中的林道静追求自由从而走上革命，《家》中的梅、琴、鸣凤她们都有各自的追求。鲁迅说，娜拉走后怎样？要么回来，要么堕落。

女性对自身命运的重重担忧，本身就让女性早些成熟。女生听话，女生容易管教，都是女生精神压力大于男生的缘故。女性容易受束缚，被压抑，这是不平等的。而中国文化中对妓女文化反倒津津乐道，其中有多少人道因素？热衷于青楼女性血泪史的阅读视角，是同情可怜还是看热闹图痛快？如此女性阅读，更能反思我们文化中的平等意识薄弱，更能反映国民缺少女性解放的真实态度。"五四"的文化反思从女性解放开始不无道理。现在，这种阅读依旧具有社会探索的价值，是精神探索的重要部分。

有资料表明，母系社会比父系社会文明？我们是不是担心，男女平等了，生活质量没了？谁的质量没了？

有许多哲学家贬低女性，尼采曾在《查拉图斯特拉如是说》叙述一个老妇人对一个男人说："到女人那里去，别忘了带上你的鞭子！"好多哲学家把女性写成愚蠢的、弱智的，孔圣人把女人与小人并列，这种男权的视角既不符合生活实际，也不符合现代文明，这种论调会随着自由平等观念进一步深入而逐渐减少。

其实，也有不少哲学家赞颂女性。歌德在《浮士德》中曾写过："永恒女性自如常，接引我们向上。"席勒也赞美过女性的尊严。

女性视角能给人精神引信，导向成功。这些女性阅读，给人美的熏陶，给人思想引航。

只有独立、平等、自由，才会有真正高贵优美的女性。

科学视角

当大量的科技成果摆在人们面前，科技阅读其实已经进入人们日常生活了。人们经常进行着直接的、间接的科技阅读，哪怕是阅读说明书。

但是，从精神成长角度上讲，科技突出技术而没有突出科学，尤其没有突出科学精神，大量的技术层面、实用层面占据了阅读空间。

有人说少儿科技阅读的主要问题在于不实用，这说法恰恰与真正的科学视角背道而驰。

这里我们探讨一下我们传统的师徒模式。一个徒弟跟一个师傅，师傅通常让他看，不怎么教。如学木工，师傅不会苦口婆心地解释怎样拿斧头，怎样锯木头。师傅不怎么讲，从教学角度上说，是让徒弟主动学。"师傅引进门，生活靠自身。"讲的就是这个道理。

这也类似于古人的教学方法，从诵经开始。先不考虑你理解与否，而让你拿几部经典，熟背如流，再来串释。而现在的教学方法则先讲知识系统。现代师生模式往往是这样的，教师先把什么是木工活讲一遍，系统地、理论地讲，成为一门完整的学科，然后再让他们具体地学习斧、锯、刨。自以为让学生全面地了解了，实际上学生接受知识的过程是由点到面的，由具体向抽象，由局部向整体。由他们自己好奇探索完成的体系才能属于他们，才能真正地站得高、看得远。因此，高徒在于一步一个脚印地学，不是先接受一番高谈阔论。

有人就认为，师傅只讲技术，教师只讲科学。这话可能相反。教师把一门学科用纸质考试的方法给学生，与实际操作相比，哪个有深度？此其一，其二，师傅先要求徒弟的，往往是态度，是精神。

选徒弟要先看一阶段。徒弟要做的是递木头，磨斧凿，挑师傅的木匠担，有的据说还要给师傅洗衣服。吃饭要让师傅先吃，要给师傅盛饭。毕恭毕敬，不能偷懒。这一过程现在看来是不平等的，而从实际情况来看，师傅也不是摆架子，重要的是让徒弟从对师傅的敬重中完成对木工活的敬重，对所从事行业的敬重，可称为"木工精神"。

换一句话说，学技术先要学做人，学敬业。

师傅自己也是敬业的、"有牌子"的人。师傅言传身教，徒弟耳濡目染，精神就这样传递着。

许多农村家庭，父母几乎不识字，其子女读书很好，原因在于父母本身敬重知识，敬重知识分子，敬重"读书人"，这种态度已经给子女一个明确的价值判断。但有许多土豪家庭,花大钱雇教师,请客送礼,他们除了教自己子女的教师外,对其他教师不尊重,更没有对知识的敬畏。长此以往,子女最多只是把读书作为敲门砖。

不重视知识、不重视知识分子,现在已经表现为对知识产权的轻视,长此下去,会影响整个社会秩序。

科学精神不仅来自于对技术的敬重,更来自于对自然的敬畏、对人类的拯救。首先要敬畏灵魂。现在的科技视角应当更多地表现为环境意识、人类宇宙意识。少年科技阅读通常被理解为科普读物阅读,这是远远不够的。只有把具体的问题变成一个大大的问号,形成对人生的关注,才算形成科学精神。世界上科技之谜,既是科学的,也是哲学的。换句话说,术(技术)必须向道发展,才能成为一种精神。术终究比不上道。许多技术有余而精神不足的人,他们的科学技术除了赚钱外,是不能推进人类文明的。相反,这种没有科学的技术只会毁灭文明,也让自己肤浅、狭隘。

一个敬畏灵魂、敬畏自然的人,他会好好地保管自己的精神,不让其受到污染。那些著名的科学家,即使身价过亿,也不花天酒地。质朴的生活有利于保持自己的科学精神。

一位数学教师与一位家长有这样的对话。教师说:我给你孩子讲了一天数学理念。家长问:是让孩子对数学有兴趣?教师说:不仅要有兴趣,还要投入。结果他讲了好多数学家的故事,把具体的例子与数学家的生活结合。数学老师说:对数敏感时,门牌号都成了数学题;对形敏感时,看别人走路都是立体几何。当数学思维融入生活,那还愁数学成绩上不去?

你也许会问,这还不是术吗?

或许,光一门数学或许还是术,而物理理念、化学理念、生物理念,当这一系列故事与理念结合,融入孩子的生活,已经影响到孩子的生活价值选择时,精神就会产生。科技兴趣带动科技生活,科技生活反作用于科技兴趣。或许,悄悄地,他已经把科学价值作为自己的终生选择了。

英国教育家斯宾塞说:"科学不但是雕塑、绘画、音乐、诗歌的基础,而且科学本身就有诗意。目下流行的把科学与诗歌对立的看法是个错误。……你会设想一块划了些平行线痕迹的圆岩石,对一个无知的人和一个知道一百万年前冰河曾在这岩石上滑过的地质学家,能激起同样多的诗意吗?事实上,一个从未做过科学研究的人对于他四周的诗意大部分是茫然无知的。"

为此,科学的视角与宇宙天地的哲理视角已经一体了。

妻子要带爱迪生去最想去的地方休息。爱迪生回答妻子:最想去实验室。

爱因斯坦被教师批评:有比这更糟的小板凳吗?爱因斯坦举起另一张小板凳回答教师说:比这更糟的小板凳是这一张。

当价值引领与兴趣一致,直接的心智技能与间接的价值判断一致,科学精神自然而生。

或许,氛围比具体的技术更能给人价值引领。读科学家轶事的文学书能够培养科学精神,读科学家传记也是很好的科学阅读。

阅读方式

积累、交流、记录

阅读表现

当一个孩子喜欢阅读，就会有如下表现：

能说出自己最喜欢的一本书或几本书，并愿意重复阅读。

这本书应该是自己买来的，或借阅后想买的。

这本书放在自己的床头、案头等能顺手能拿到的地方。

如果这本书是自己的，书上充满画线圈点批注；如果是借阅的，则会摘录这本书的一些内容。

爱惜这本书，不乱抛乱放，也有给喜爱的书包书皮的。丢了这本书一定很心疼，书可以新买，自己的批注舍不得丢失。

常与伙伴谈论，也在 QQ 上讨论，了解别人的看法，并因此形成读书的圈子。

写作文时会引用这本书的内容。

开始关注这本书的外围内容，关注网上、报刊杂志上的相关内容，包括相关的影视作品。尤其注意贴吧的新内容，增加谈论资料，如该作家的其他作品、该作品的时代背景、该作品的评论材料等。

将这些书籍放在一个盒子里,或者弄一个书柜、书架。

经常整理自己的书。自觉理书,是阅读走向新起点的标志,包括整理自己在电脑上的阅读资料。

有阅读价值、方法的思考,并开始有阅读理念,就是表达读哪些书、为什么读这些书、怎样读书的观点,并作相应的记录。

总之,愿意积累,愿意交流,愿意记录,是喜欢阅读的一些表现。

学问靠积累,这早已达成共识。关于积累需说明三点,其一,积累一定是细小的东西,是"细流"而不是"江海";其二,必须长时间进行;其三,需要勤奋,笨鸟先飞。

当然,有些积累是明确的,有些是不自觉地形成的。读后理解了又忘记掉的东西,其实已经积累在自己的知识系统中,有些还会在一定条件下恢复记忆,自然地运用。

积累是有效阅读的表现,也是有效阅读的基本要求。年轻人阅读可以是一种相对的功利行为、自觉行为。我们认为阅读还是要适度功利为好,尤其是青少年阅读。中老年可以以休闲阅读为主,不用刻意去记。但定个小目标,适量地记,也有成功感、愉快感,能够健脑。年轻人不断应付考试,难免烦恼,但考试是有意积累的重要途径。知识的功利性不等于功利目的,而是一种挑战姿态,不断迎接挑战,是乐观的态度。就算纯粹心智技能的围棋、象棋等娱乐活动，也会为胜负而增添动力、增加乐趣。学有所得、适度功利可使生活处于积极状态，让人生有序不紊。考试是学校教师给了你计划，而自己阅读也需要一个计划，有预设的大致方向、目标、数量，给自己确定阅读深度。

总之，年轻人有些功利性不是坏事。实现目标是间接兴趣，对知识本身的兴趣是直接兴趣，间接兴趣会带动直接兴趣，反之亦然。

有些读书是为克服诱惑而充实精神，这其实也可看成变相的功利。从另一个角度上讲，轻度的占有是人的本性，也是顺其自然的一种生存方法。爱上读书，必想积累一点知识，占有一点知识。不断积累金钱使人安全，不断积累知识也让人进步，会有安全感，日有长进是精神健康之道。日积月累既是生财正道，也是学问之道。金钱上或许有暴发户，而知识上没有暴发户，日积月累的知识会让自己持重。

表达、交流其实也包含一定的功利性。年轻人有些表现欲是正常的。有效阅读的标准就是读完书后留下多多少少的记忆，想说点什么，写点什么，表达下自己的看法。一个句子，一个细节，一个道理，这不是"出风头"，是知识灵动的表现。活的知识一定是灵动的知识，主体获取了这个知识后，知识在大脑中不断运动。认识一个物质就想把这个物质翻过来看，倒过来看，甚至拆开来看，思考这是个什么物质、从哪里来。认识一个人也一样，看一本书更是如此。周国平先生曾说:"我衡量一本书的价值标准是:读了它之后,我自己是否也遏止不住地想写点儿什么,哪怕我想写的东西表面上与它似乎全然无关。"

积累、交流是有效阅读的重要表现。记录是两者的工具,使之更有效。

平等阅读是有效阅读的深度表现。所谓的平等,是指作者与读者的平等。面对一个问题,作者与读者是共同完成的。

阅读积累材料有这样五个阶段。第一,买书、买报刊杂志、下载文章;第二,阅读这些材料;第三,选择这些材料,分类归档;第四,对这些材料点评解释;第五,体会这些材料,联系生活,投入实践。到实践阶段,是学问的平等阶段。例如实验操作,面对仪器,知识便进入了实证阶段。教师与学生在仪器、实践面前是平等的。当这个知识点在接受者脑中已经完成了,那在这一点上与教师便平等了。1+1等于2,教师偏说等于3,学生有权利不接受,也不会接受,这是平等。同样,对一段话理解到位了,就是在这一段内容上原来处于与作者、教师不平等的状态,现在经过理解达到了平等。我们讲求的课堂上平等属于这一类。当然,不可能绝对平等,大致说来作者还是高于读者,教师还是高于学生。

当读者把作家的话引入自己的作文中,也就是引用作家的话佐证自己的观点,这时就进入了实践阶段、应用阶段,也必须是平等阶段。盲目引用是通常说的借名人的话给自己充大。由作家的话得出自己的观点、证明自己的观点，在此时，自己与作家是平等的。阅读的过程其实就是这一点又一点的平等，甚至超过作家的过程。此时，可算学有所得、学有所成了。

虚心与崇敬者，应当进入平等阅读。这不仅是态度，更能充实平等阅读的内涵，一起构成深度阅读。

虚心是空心的。我们通常认为自满者不虚心，其实自卑也是不虚心的。

有人说，对待经典，要焚香沐浴再读，要用崇敬、虔诚的态度，高山仰止，五体投地地去读。我们认为，对大师有这种态度，是对知识的敬重，是应有的态度。在精神维度上膜拜，有利于知识价值的追求，形成自己的精神空间。

而对知识真正的敬重应当是去理解它，有能力的话要超越它。读经典与读普通文章一样，要平等，要有自信。"吾爱吾师，吾更爱真理。"就是说，对大师的态度要崇敬，而在知识点上就得平等。否则，被崇敬填满了内心，或者内心充满了自卑，自己没读就失去了自己的心，心碎了，怎样接受知识？大量的知识都是在原有的基础上形成新的知识点，当自己的心被压碎了，"无我"了，怎样建造高楼？

平等不妨碍对作家、老师的崇敬，相反，越平等越崇敬。学生、读者就是通过一个个知识点的体悟、理解、接受，达到了与老师、作家的平等，才明白作家、老师的光辉之处，才对之崇敬。在具体知识上不断地与大师平等，才能走近大师；走进大师，才能真正地崇敬大师。否则,处于外力的作用,是对作家、老师头上光环的崇敬。

阅读是作家与读者之间的对话、交流。有人说,经典就是提供不断对话的书籍。对话、交流是平等才能进行的,包括与书友交流、同学交流、名家交流,哪怕如歌德说的"读好书就是和许多高尚的人谈话",都要平等。所有的书籍都面对世界,阅读就是作者与读者一样面对世界、面对问题,这是平等的。有什么就说什么,面对经典,面对大师,都是如此。

先把自己低矮化,心境处于高压状态、卑劣状态,那接收到的知识未经独立思考,也是盲目的。

真正的虚心来自于平等,明白自己处于心智劣势,又不断挑战、发问生疑。自己在不断地被否定的过程中扬弃、前进,不断地假设,进行知识投射。如上所述,在总体知识上与大师平等是不可能的,在某个问题上可以平等,甚至在个别问题上超过大师水平。但当知识从个体向整个体系发展时,超过大师的可能性越来越小。当然,大师不是凭空产生的。很小的可能也要挑战一番,挑战的目的是为了更好地发现。

当然,狂妄者是不虚心的,先把自己的内心关上了,自以为是了,自满了,别人的意见装不下了,这种自我膨胀状态下根本不可能有阅读的正确态度。据陈平原教授的《读书的"风景"》一书中介绍:熊十力让徐复观讲讲王夫之的《读通鉴论》,徐复观把它"若干不是之处,数落个遍"。熊十力对他说:你这样读书,一辈子都不长进。读书首先是看它的好处,你整天挑他的毛病干什么?这样读书,你读一百部、一千部、一万部,也都没有意义。读书就像是吃东西,首先是努力消化,吸取营养,然后再来谈别的。

我们主张敢于怀疑,而以为彻底批判就是独立思维,那是对独立精神的误解。其实恰恰相反,这不是独立思维,而是惰性思维。钱锺书说:"偏见是思想的放假。"现在许多人大胆挑战权威,值得肯定,但用挑战来凑热闹,放松自己的思想修炼,则最终害苦了自己。

不卑不亢才是虚心之道,也是最艰难的道路。

这方面,成人不如儿童。童心才是虚心的,未受污染的,童言纯真。真正的阅读必求真,"知之为知之,不知为不知"。

如果说积累、交流、记录是阅读的外在表现,那么,平等与虚心则是求真阅读的内在反映,也可叫内在动力。当外在的、略带虚荣的功利性阅读产生动力,经过内在平等与虚心的锤炼,内外互动,就会达到阅读的高境界、高效率。

慢慢借书　慢慢买书

慢慢借书

在温岭市图书馆，我看到好多孩子在借书，由他们的父母陪着，内心感到欣慰。然而，也常常听到不是滋味的话："快点借，这么慢，磨磨蹭蹭，我有事情去呀。"焦急的父母会这样说。

能够带孩子来借书，是负责的家长，值得肯定。而孩子在细心地选书，父母却在旁边等得不耐烦，不断催促，效果就适得其反了。孩子需要静静地选书、读书。催促，会伤了孩子的读书心境，会让孩子浮躁起来。

读书，最忌浮躁。而读书浮躁的开始点往往是选书，胡乱地借三五本来读，或者一下子买很多书，都会形成浮躁心态。有买书借书经验的人都知道，在书店里、图书馆里泡了一两个小时，成果就一两本书。这在某些人看来是低效率，而在读书人看来却是应有的"慢生活"。

买书、借书都应是一个慢过程。孩子挑选书籍，是一种判断、选择能力的锻炼。他们会通过读前言挑书，读章节挑书，查阅作者来挑书，当然也通过教师、同学推荐来挑书。选书，慢慢形成兴趣点，对人的成长很重要。

有阅读经验的家长往往这么做：明知这本书好，也不直接指出，而摆出几本让孩子慢慢挑选；或者摆出多本好书，让孩子挑选其中的一两本。这样的家长绝不会在孩子入神时任意催促。

无独有偶，学校图书馆也有这种情况。问一个刚借好书的学生为什么要借这本书，他回答不上。再问，有没有读了前言、知道不知道作者，也摇头。再追问下去，结果是来不及看，要上课了。给学生借书的时间短，学生就只看这本书封面上印着得了什么奖、什么发行量大，以此认定是好书。

促进阅读，还得从慢慢借书、买书开始。

更慢地借书、买书

回忆自己的少年时代，那是书荒年代，能有一本小说读就是幸福了。我的堂叔不知从哪儿搞到一本《烈火金刚》，封面都没了，前面十几页也没了，叔叔用硬皮纸包起来。这个消息聚集了我们兄弟十二分的兴趣。我开始向往，等几个大哥哥们看完了，就会借给我了。我开始听他们说故事概况，开始拼凑这些听来的情节，从

《地雷战》、《地道战》等电影中嫁接抗战情景,不断发挥自己的想象。到后来读这本书时,几乎是重复哥哥们说过的故事,验证自己的想象力。从知道这本书到看这本书,整整一个多月,那才是慢慢借书。

买书就更慢了。上学放学拐进新华书店里,隔着柜台玻璃,看自己中意的几本书,这成了我们的兴奋点。待自己抓泥鳅搞草药攒够钱,才走进书店,在几本定价相近的书之间翻翻挑挑。挑久了担心营业员不耐烦,挑快了怕失去一本更好的书。结果往往等营业员催促后,心头一热,定下一本,付款离柜,内心就开始盘算着下次要买的书了。买下的书,舍不得快读,要细细地看完,放个半月一月再看一遍,如此不断重复。即使这本书丢了,我也能复述出情节,尤其是连环画。我还常常把书本内容讲给比我更小的伙伴们听,评论一番,有时难免添枝加叶。

香港文化学者张隆溪回忆自己青年时的读书情景,"在那个荒凉的山村,夜里我只能借助自制的小煤油灯,就着微弱的光线读书"。他读俄狄浦斯王的故事,"灯下闪动着索福克勒斯那惊心动魄的文字,竹林里传来萧瑟的风声,河里远远传来潺潺的水声,我好像独自一人处在洪荒旷野之中,感受到天地自然那种原始、神秘而无可抗拒的力量"。那种深度理解、体验、共鸣,是终生受用的美点。

假设当时有太多太多的书籍在身边,而又贪多求快,必然浮躁,达不到这个境界。

读不完的书

语言学家吕叔湘曾在他的《书太多了》一文中转述了四种态度：放弃、否定、随大溜、精华主义。他认为精华主义最可敬，但"这四种读者都没能解决书太多的问题"。

读不尽天下书干脆不读、读书无用、读到哪里算哪里，这三种态度都不对。那精华主义呢？吕叔湘说："精华主义的最有代表性的表现是那些可怕的世界最佳书目，谁看见了这种书目都会头痛。为什么？因为这种书目不近人情，没有人能照单全收。那一大堆读不了的书发挥着坏作用，它叫老实人心里烦，悲观；它让不老实的人煞有介事，生骄傲心。"于是他转述了另一种态度——毁书。这当然是戏说。

我们通常拿从前自己没书读来教导孩子们现在有书读多幸福，因而要好好地读，而体会不到一个孩子面对这么一大堆书时压力多大。有些人喜欢买书，家里有大量藏书，于是大量论述"书中自有黄金屋"、"万般皆下品，唯有读书高"的经典观点，告诫孩子要好好读书。

既然藏书反而对孩子产生压力，会起反作用，那怎么办？兴趣点丧失，或形不成兴趣点，读书必浮躁。

最正确的方法是实事求是地告诉孩子，这些书我大部分没看完。只有这样，让孩子不会因老实而"心里烦，悲观"，也不会因不老实而"煞有介事,生骄傲心"。

藏书没有读完是常态,也是当年温饱未解决时父母反对买书的理由。

藏书本身的理由在哪里?

藏书与知识氛围

谈起中学生阅览室的报刊杂志订阅,有人说,订《新华文摘》、《文史哲》、《文学评论》有什么作用? 中学生看不懂的,浪费,《读者》、《意林》、《报刊文摘》这些才适合学生。然而,我们坚持订阅。偌大的阅览室,放若干本有深度的杂志,目的只要求学生翻翻。在学生的阅读视野中有本这样的杂志,里面有些著名的专家名字,目录上有比如理性主义、文艺美学、现代主义、系统论等名词,有哲学、经济、历史、文学、艺术、教育等学科分类,即使附庸风雅,也能让他们明白有那么些学问的构架。让学生翻看这些信息,现在或许没用,而这些印象会留存在大脑里,会在大学里、社会上建构知识体系时发挥作用。

一个语文老师家里摆着黑格尔的《美学》、弗洛伊德的《梦的解析》、孟德斯鸠的《论法的精神》以及《四书五经》、《百子全书》等中外名著,不一定读完,而在这个书房里必能够感受到文史的氛围。中学图书馆里摆上《资本论》,就是让学生长见识用的。

藏书,是藏书者的精神天地。而对于孩子来说,这些藏书构成他的知识氛围、精神启蒙。

氛围熏陶，是一个慢过程，慢慢地构成一个人的知识底蕴。见识也需要慢慢积累，螺旋式上升，终生受用。

因此，慢慢借书，有些醉翁之意，目的还在感受图书馆的知识氛围，有效地形成良好的兴趣点。

慢慢买书，形成自己的书单

有的家长网上鼠标一点，几十几百本名著买来，或从书店里搬来，试图把知识也如商品一样批发给孩子。搞速成，那是管理的惰性。

要让孩子慢慢借书，最好还要让孩子慢慢买书。

每买一本书，就会对这本书有或多或少的认识。从小买到大，慢慢买，知识就会在买书过程中积累起来。让小学、初中学生把自己的书放在他自己的小房间里，形成自己的天地。自己买的书，借的书，熟悉的书，看过的书，构成自己的书单。经过自己慢慢认识，长期积累，这样的书才是自己的书、自己的兴趣系统。

朱永新教授说："一个人的阅读史就是一个人的精神成长史。"

一个人的精神成长是一个慢过程。家长应慢慢地观察孩子的成长点，不要直接催促，而要保护其兴趣，悄悄用阅读催化。比如有个初一学生有历史兴趣，喜欢阅读明月写的《明朝那些事儿》，这就是他的兴趣点。不要担心这不是正史，不要向孩子说这史料中有多少偏差,不要浇灭孩子的兴趣。有的孩子喜欢袁腾飞的历史课,家长担心太尖锐而阻止。有的孩子偏爱易中天讲三国,读《三国演义》,家长非要他结合《三国志》。有些家长往往向孩子压进范文澜的《中国通史》、汤因比的《历史研究》、塔斯夫的《全球通史》。一压,逆反。这些书,家长就摆在自己的书房里,让孩子翻翻,知道有这样的书就好了。分寸最重要。再过几年,他会对自己这段通俗史阅读进行反思,也许会喜欢上张鸣、蒋廷黻、吕思勉等具有思辨色彩的历史学家。于是,由明月《明朝那些事儿》为成长点,易中天、袁腾飞、张鸣等名字与他们的一本本书,构成了孩子的书单,也构成了孩子的精神成长史。

不要怕孩子出差错。回想我们自己,小时候只能看样板戏,后来我们接触西方文史,反思自己,就把这个内容当成了支点、成长点。经过大量的资料阅读,现在我们能够历史地、思辨地反思历史现象,站在世界史的眼光看中国史,不能不说是精神的成长、飞跃。

书海茫茫,选书是读书人的必修课。一生借书、买书,要慢慢地来……

读书 交友 美食

　　管图书或卖书最大的享受是：随便哪一本书，你都可以拿来翻翻，有一种坐拥书堆的幸福。然而，书海茫茫，反而成了精读障碍。

　　想看哪本就看哪本，也算是特权吧。得告诫自己，有特权，勿贪。只有不贪之心，才能保持这种幸福。

　　读书求多求快，其实是一种不应当有的贪婪，是占有欲，是虚荣。哪一本书都要看，就等于静不下心看一本书、钻研一个主题。兴趣太多，便不是静心而是乱心。这样的读书容易走火入魔。

　　精读，最能静心。

　　假如把书籍比做朋友，道理也一样。

　　交友不是越多越好，而要精。朋友遍天下表面上很有面子，其实也很累，结果可能是真心没几个。朋友太多了，除了姓名等符号标记外，一无所知，更谈不上心灵沟通。

　　滥交朋友会乱心。交友不能使自己清心，不如无友。同样，书籍太多，多得让自己失去重心，迷失了主攻方向，也不是好事。更何况有许多坏书,如同损友,会误导人生。

看书就如谈话,与古人对话,与圣贤对话。聆听这些"高朋"的教诲,我们应当凝神静思,切勿妄自菲薄。

真正的读书者,一定会精读若干书籍。泛泛而读,必然不入境。有人感叹:当今忙碌社会,认识的人越来越多,能说说心里话的好像越来越少。四星级五星级大酒店越来越多,而可口的菜反而越来越少。同样,出版物越来越多,而真正优质的读物却越来越少。大家知道的越来越多,而细细把握的却越来越少。

浮躁,必失精。浮泛的博,所谓的见多识广,没法为渊、为专打下基础,至多是充当夸夸其谈的推手。

读书与交友、美食同理,都需要求精。

安排好读书生活

　　许多人用阅读来健心，用阅读来滋养精神。对他们来说，阅读是生活的一部分。

　　这部分怎样安排最好，占多少比例，视各人具体情况而定。然而异中有同，不外乎定量与定性，以此类推，大体上有如下四种方法。

　　一、定时、定量读书。每天读一小时，或每天读一万字，或每天读若干散文、短篇、章节。好像每天体育锻炼一小时一样，每天定时定量，阅读健心，如同做精神体操。有许多职场压力大的人，规定自己每天必读三五则故事以释放情绪。有的人每天起床后读半小时，或临睡前读半小时，以此走入自己的内心世界，梳理生活情调。读书不在于某一天大量读，而要持之以恒。每天定时定量，符合学问依靠积累的原则。

　　二、日知读书法。这类读书法也是每天读一点，但他们的阅读不定时，不定量，而是定性。每天可能多，可能少，哪怕只有一句话,以自己有所得为原则。这类读书法往往会把自己的思考、观察、理解记录下来,不论多少。日知读书法也符合知识积累的原则,清初顾炎武《日知录》有言,"稽古有得,随时札记,久而类次成书"。

三、点面读书法。有人喜欢以三五部书为基准,置于案头、床头,每天阅读若干章节。有的人甚至一生只读一两部书,只注重一两位作家。比如有人就读《史记》、《红楼梦》、《唐诗三百首》,或只读托尔斯泰、莎士比亚等。专于一点一人,由点及面,查找与名著、作家有关的材料、背景,进一步查找与之相比较的作家。点面读书,定量又定性。这种读书法,对中老年人更合适。青少年还是要读得杂一些为好,否则,容易狭窄。

四、问题读书法。这是最实用、最有效的读书法。由着自己对世界、对生活的兴趣去观察、思考、提问,寻找书籍。如有些人对国际关系感兴趣,不断地看当今国际时事,了解历史上的国家、民族间的关系,探究种族、民族、宗教、所有制等深层的社会问题。也有女性以女权为切入点,研究女强人,深入历史,寻找规律。心中有问题的读者是优秀的读者,问题读书法是定性的。问题接问题,形成问题链,学问就向纵深挺进。

清末谭嗣同说:"天以新为运,人以新为生。"阅读的本质就是让生活"日新"。日知者,日新者,不会给人絮叨感。终生学习者,其精神在"日新"、"日知"中永远好奇,永恒探索,永葆童心。

让孩子自己理书

孩子的书会乱,父母心焦。于是不断地为孩子整理书籍,也整理作业簿、文具,往往边整理边絮叨,"自己不理,都要我理,以后上大学谁给你理"。

这些"勤奋"的家长知道书籍需要孩子自己理,只是"看不过"才去代劳。

孩子的书要让他们自己理。

孩子的书分三处:自己房间的书、书包里的书、学校课桌里的书。据观察,学校课桌上、抽屉里书簿乱摆放的同学,十有八九是家长为其理书的。

一般来说,个人买书达到一百多本,没条理就会乱。但条理应当是内在的,外在整齐要服从内在条理。大部分家长理书按科目分类,把数学与数学一块,语文与语文一块,小说、散文、诗歌等各一块,哲学、历史、教育、社会等各一块,这算是有条理了。

其实私家书摆放更需要的是个性化条理。如有些女生喜欢

《红楼梦》，就将小说《红楼梦》与相关的评论、诗歌注释等一起摆放。家长会把张爱玲与鲁迅放在一块，因为他们同是现代文学人物。而许多女生可能把张爱玲与三毛、萧红甚至李清照等作品放在一块，喜欢把她们放在一起思考文学女性这个主题。好多人不喜欢把李白与杜甫摆在一起，却喜欢把李白与屈原合在一块，他们的浪漫诗风确有共通之处。有些男同学很喜欢把徐志摩与普希金放在一块，感觉两人都才气十足，帅气潇洒。而把普希金、托尔斯泰、肖霍洛夫等按国别放在一起，也算一种个人趣味。有些男同学把企业家乔布斯、马云与经济学家亚当·斯密、哈耶克等放在一起，在他脑海中已经把社会、政治、经济与企业实践结合在一起思考了，或许，一种宏大的思维模型在此萌芽。

我的房间我做主，这是培养独立性的好途径。有一种幼儿教育理论指出：孩子的玩具任其摆放，不要给他整理。孩子找玩具、选玩具本身就是一种智力开发，婴儿丢了皮球，开始寻找，就在种种预想、假设、推论之中开始了思维。等他吸取教训，自己把这些玩具分类摆放，就形成了能力。

玩具如此，书也一样。我的书架我做主，书成了孩子自己的"家当"、"财产"，这有利于成长。适当的"占有欲"，尤其是与知识相关的书籍、学习用品等的"自主权"，有利于形成积极心态。孩子有孩子自己的主题、角度，不断地摆书，就是不断地形成自己的判断、知识结构。书籍不断地加多，选择更能训练孩子的鉴别能力。哪些书重要，自己喜爱，哪些书次要，不太喜爱，哪些作家抚慰了自己的心灵,哪些作家开启了自己的智慧,孩子都会确定自己的标准。依次去留,摆放,分类组合。他们会把自己最爱读的书放在伸手可及之处,方便阅读,这会让孩子更喜欢阅读。对孩子来说,乱不乱的标准在于能否及时地拿出自己需要的书、喜欢的书。孩子心里不乱,家长以外在标准为之理书,其效果恰恰相反。父母代劳理书后,孩子的惰性反而膨胀了。当他们不去思考书籍内容、思考内容之间的联系,买再多的书也是白搭。

依照自己心中的主题把相关书籍摆在一栏,可称主题书架。把书籍个性化组合,有利于形成主题书架。主题书架是成熟阅读的标志之一,它更能促进有效阅读,这是培养阅读个性、思维个性的方法之一。将来上大学写论文找专题,出社会搞研究立课题,这样的同学会更有创意,更容易形成自己独特的体系。因此,家长代劳理书,其实是变相切断了孩子独立成长、思考创造的进程。

有许多家长不但代劳理书,还会缴书。把那些与教科书无关的,尤其是有些"刺激"的书缴掉。因此,常常有孩子在某个角落放着一本书,在夜里一人时偷偷地看,或者上面放着教科书,下面放着武打书。其实,让孩子大大方方地放着一两本"闲书",不会出什么大事的,有比较才知道什么书有价值。至于有人说,"老不看《三国演义》省得狡诈,少不看《水浒传》省得打架,男不看《西游记》省得不听话,女不看《红楼梦》省得不能嫁",以此类推,不读书最好,这就太把阅读负面影响当回事儿了。

书架上的书能够从不同的层次、不同的角度支撑主人的精神空间,表达精神追求,才能说这些书真正属于自己。正如出版大国不等于阅读大国一样,购书大户也不等于阅读大户。因而,要让孩子不断自主买书、自主理书、自主翻阅,形成自己的天地。精神从阅读中发育,家长观察孩子理书,也从中更好地融入孩子的精神世界。

此外,成人也一样,每年都要理一两次书,让自己的精神空间条理有序。

讨论式阅读与读书圈子

读书可独可群

读书可独可群,古人也有"经传宜独坐读,史鉴宜与友共读"的说法。其实,不论经史子集,还是数理化工,都应当既有一人的"静读",又有多人的"共读"。

阅读是思维主体主动去获取语言、符号信息的过程。从外观看,"独读"、"静读"时阅读者好像是安静的,其实内在是动态的,信息在传递。思维本身就是动态的。外观静态能够维持、推动内在思维动态,使之处于活跃状态。被认为最高智慧、最佳思维品质的静悟,是外在非常安静而内在思维处于最活跃状态下产生的,是思维质的飞跃。

几个人一起"共读"则产生外在动力,良好的外在动力能促进内在动态不断活跃。多人同读一本书,共同接收同一语言符号信息,进行交流互动,我们谓之"讨论式阅读"或"论坛式阅读"。

两种阅读交叉,"静读"指向内在动力,"共读"指向外在动力。

阅读需要外在动力与内在动力

和其他学习一样,阅读需要促进思维动力。既需要内在动力,也需要外在动力。内在动力主要是智慧快乐、智性之美;外在动力来自于他人的评价,肯定或否定。

人们渴望交流,渴望被肯定、被认可,每个人都想表达自己、彰显自己。这是交流的动力,是外在动力。

一个人"静读",是精神自助餐;讨论、圈子阅读,是精神互助餐。

是一个人静静地靠着窗边阅读美妙,还是众人一起品茶论诗快乐?哪个收获大,难以说清。

纯粹的外在动力往往是外在的肯定与否定,而"内行人"的肯定或否定就会有评价,就会产生交流,直抵智慧,产生内在动力。比如教师不仅给一篇读后感高分,而且讲出了高分的理由,令人信服。

人是害怕孤独的动物,哪怕是哲人,也渴望与同一层面、范畴的哲人作智慧交流。托尔斯泰曾说:"一个人想单枪匹马去认识上帝的真理是不可能的,唯有由爱心维系在一起的总体的人群才能见到它。"

阅读需要互相交流，以进入启迪状态。交流、启迪，是外在的表现动力向内在的智慧动力延伸的过程，就好像下棋时胜负、名次会促进下棋的内在心智乐趣一样。讨论，就是由爱心维系在一起的总体人群的互相交流。内外交互产生动力，是高效学习的基础。

读书圈子与讨论的作用

互相交流读书体会的人群就是读书圈，就是"共读"者。因为相同的"爱心维系"，思维在愉快的、可能是激动的交流情绪中飞跃，悟性不断提升。观点可能不同，但彼此互相砥砺，不论求异求同，讨论中的表达是阅读过程的组成部分。阅读不是直接接受正确的东西，阅读中有好多内容难分正确与否，阅读就是经过肯定、否定、否定之否定，不断扬弃，融合进自己的理念，最后形成自己的观点、认识。而在这个过程中，书友的观点、评价恰好产生肯定的共鸣或否定的扬弃。

读书圈是自愿选择、自由组合的，它不像班级是学校组合或由电脑随机组合。因此，读书圈的选择需要个体独立判断。

讲授式、讲座式教学对于拓展知识、开阔视野的确有好处。电视、网络也是高速运转的、大容量的知识仓库，让人长见识。从前强调不懂就问，如今问老师、问网络，什么答案都有，不懂就问其实是变相剥夺了思考权。长期的讲授式教学容易导致怵于写、疲于听的低效学习。

课堂有讨论,但课堂讨论的缺点是人太多,四五十个人在讨论,往往沉默者多,被动者多,期待别人发言者多。最后大家期待着教师的正确答案,期待答案也是变相的不思考。互动消失,思维产生惰性,就容易浮躁。

而读书圈里讨论,没有谁掌握标准答案,全在于大家的自由发挥。为了寻找答案,同学们在脑海中搜索着印证材料,查找某些名家、作家的观点,参考教师的看法。对发言的期待,使他们的查找充满了对知识的热情。

真正引人讨论的,往往是找不到绝对标准的话题。找不到答案,又揪住不放,就是探索精神,独立思维也就形成了。

有时话题也可以中途变换,从历史的话题开始讨论,中途可能变成音乐、美术话题,形成问题链条、知识系统。

由阅读内容、范围相近,志趣相仿形成的读书圈,有利于互相鼓励、支持,产生思想交流,精神碰撞,彼此沟通,抱团成长。话题的期待、材料的准备、讨论的较量、讨论过后的回味以及由讨论形成的圈子,都会是阅读的正能量。"吵"出来的读书朋友,一定比"吃"出来的酒肉朋友知心。如同产业链一样,一本本书,一个个话题,一个个书友,连接成纵横交织的读书链。进入了这个链条,想不读书都难。

读书圈的态度

讨论式阅读是探索型学习，是体验阅读，讨论是实践的预备。

讨论式阅读是有效阅读。它有时是闲聊式的泛读，甚至是脱口秀，满嘴跑火车，而更多的是思维大量投入的精读。

同学们讨论话题，就要"不礼貌"，不能谦语过多，不能和和气气，而要针锋相对，流露真情，展示理性化的激情美。那种老气横秋、四平八稳的语气，是讨论的大忌。少来些"不是特别"的语气，多来些"我认为"、"我的观点是"这些自信的语气。讨论多了，那些"然后"的话头也会消失了。

我想到古代那些才子们手摇纸扇，清风明月下，品茶论诗，那样得悠闲与高雅。古代，读书是地主乡绅的奢侈活动，是一种有身份的贵族活动，是有闲者的高雅生活方式，他们以此培养其贵族生活趣味。现在，当生产力高速发展，有闲者逐渐增多时，阅读是我们生活质量的体现。读书圈是高品位的群体，是国民素质的标志。在青少年中尤其要推广，以此抵御负面生活诱惑，不走玩物丧志之路。

教育是终生的。当自我教育成为支点，阅读圈子就是基石。

阅读，让自己优秀起来。讨论，让自己成为智者。

进入读书圈，把自己推向学问的轨道。

荐书即荐心

在中小学里,每班都应有图书角。而图书角建设既要有共性,更要有个性、特色,主要体现在图书的选择上。

在图书选择上通常有这样一些误区——

由老师圈定目录,让同学们购买。这样的优点是保证图书的质量、品位,但同学们参与力不够,图书角容易被冷淡。

由同学们捐书,目的是让同学们参与。但是捐书总会有部分同学应付,不愿意拿出最珍贵的书,因而影响书籍的质量。

最好的办法是同学荐书,老师适当把关,再集体购买,数量在一百本左右。

每位同学都有个性,各班同学个性不同,会出现不同的集体兴趣。因此,确定图书目录之前,必须做好阅读倾向、兴趣倾向的调查。

经过阅读调查,发现有些班级大都喜欢哲理类书籍,有些班级喜欢艺术家传记,有些班级偏重于企业家、科学家故事,有些班级对历史上的才女有爱好（尤其是女同学多的班级），也有些班级对政治家、军事家、文学家津津乐道，还有的班级同学喜欢一些制作类的理工书籍。班级同学的兴趣容易互相激发，同学们依照不同的兴趣焦点形成读书圈子，再进行选书荐书。

与选择图书一样，圈子也不能由老师硬性规定，不能全班统一，而应当在阅读调查的基础上适当引导，组成若干圈子。圈子中选举主持人，组织讨论，分头查找资料，确定要添置的图书。

鼓励同学写上推荐语，在添置该书后，以书签形式嵌于书本中。同学每看一本，都要写若干体会、心得，拿出点成果，互相交流。成果不要求全求大，而要求真，求独到的见解，简单些的就说说最感动人的细节。对于阅读能力不强的同学，就要求摘录几段好句子，再仿写几句。总之，用推荐、表达、对话等互动形式促进阅读，用时髦的话来讲叫混搭，这样有助于阅读热情的激发。

读书圈子越成熟，阅读就会越高效。班级中有健康的读书圈子，才能不被低俗的读物所俘虏。

可以将推荐语、读后感定期汇集成册，这一本小册子是全班同学的文化结晶，相信同学们都会将自己的真思想真感情融入其中。再进行全校集中选编，由此便进入了班级之间的互荐阶段。

此外，班级图书推荐不仅是语文老师的事，它需要全体老师共同努力，尤其是班主任的关注。班主任从本班特点出发，关注同学生活、内心需要，指导阅读圈子讨论，及时添置相应书籍。如推荐调节网瘾的书让同学们减轻网瘾，如用人际心理书籍让同学们减少青春期的迷茫。笔者以为，对于一些逆反的同学，没有比书籍、文字更为有效的导师了。因为逆反心理总是伴随着浮躁心态，教师的教育难以开解，而读书能使学生悄悄地接受，"润物细无声"。读书本身就能使人静心，互相荐书更能"直指人心"。

荐书即荐心。

跟踪阅读

让一本书真正属于自己的方法是阅读,让一个作家真正与自己交朋友的方式是跟踪阅读,即经常与作家对话。

跟踪阅读主要是跟踪作家、人物,也有跟踪作品、地域、风格、流派、问题等。

当代作家、人物跟踪很容易,他们往往建有博客、微信,每日关注,成为粉丝,即可跟踪。每个名家都会对各种问题产生自己独到的看法,跟踪名家,自己便在不知不觉中成长了。名家氛围,好像是自己优质的朋友圈。

已故作家、人物跟踪现在也很简单,关注对该作家的最新评论。现在网络上有大量贴吧,一般来说,几乎每一位名家或者他们的名著,都有论坛,那里面有很多丰富的材料。定时查看这些材料,也发表些自己的观点,不失为跟踪阅读的最好方法。

跟踪阅读的好处是动态的、发展的阅读,易形成知识系统。作家、作品、地域、风格、流派,其内容总在不断地充实。尤其是问题跟踪,有跟踪就会有思考,问题会随着内容不断向四周扩散,形成问题链条,也就形成了自己的知识体系,顺着好奇心的不断扩张,进一步探索。

跟踪不断地向细节发展,越向细节,越近真相。尤其是现在媒体发达时代,追究成了许多人的兴趣。

名家跟踪其实是一边在崇拜一边在监督,有些失望易让人进一步思考,好像交错了一个朋友那样,给自己切身的教训。

跟踪可以与新闻态度相结合,看看他们是怎样看待转基因问题、农村医保问题、环境问题等,转个弯,相关阅读就更丰富了。

跟踪越久,感情越深,越难分难舍。爱因斯坦曾经说:"死亡就是意味着再也听不到莫扎特的音乐了。"那么,作家对死亡的感叹就是再也不能写作了。而对阅读者,对读书人,死亡意味着向自己心爱的书房、书籍告别。那些跟踪阅读者,就是向跟踪对象告别,向名家告别,向专题告别,向文友告别。

跟踪阅读也可以附庸风雅。少儿在自身能力还没有达到跟踪水平时,有必要附庸一下名人,即要让自己找一位值得跟踪的人。不怕跟错人,只怕进不到跟的境界。有时,精神追求也可以理解为一种功利,就算是附庸风雅也是一种积极的态度,一种不愿意跟着低俗走的功利需要,一种不愿意随波逐流的心理张力。风雅是境界,附庸风雅也可算是形而上的精神追求。好多精神追求都是从摆脱烦恼开始的，由小我到大我，以阅读来平衡低俗，激浊扬清，升华人生，让心少为形所役，这也是一条好路子。

还有一种跟踪是跟着生活中的人阅读。这种类似于圈子阅读，就是在生活中找到一个朋友、师长，看他读些什么，自己也跟着读什么。这种跟踪交流方便，能够得到具体的指点与讨论，是很好的跟踪方式。附庸朋友师长，在打基础阶段最能见效。

走近周国平

周国平要来我们温岭了，我莫名地感动。我非常喜欢他，有许多独特的感受。

朋友送我《周国平自选集》

那一年我住院，朋友有送水果、营养品的，有带报纸、故事书、笑话选的，还有朋友签名的安慰集、医药方子等，不一而足。我那自小开始交往的同乡好友，则送我一本《周国平自选集》，我感慨知音难求。这么多年了，我在本地忙我的教书，他在外地谋生，彼此几乎没有沟通，他居然送给我最喜欢的周国平的文章，他居然也喜欢周国平。

疾病给人的企愿是大家都要养生，包括我自己。近来养生学盛行起来，温饱思养生、温饱思文化，更像是形而上的精神追求。好多养生，好像与生活质量作对，而读书、艺术、文化养生，益心又益身。读周国平的文章，更是如此。

周国平的文章，可以随意翻翻，但必须静静思考。在修身养性层次上讲，他的文章适宜精神调养。

当然，读书养生，这是对他那宏大精神构架的一种边缘认识。

周国平喜欢史铁生

我从网络上跟踪周国平，知道他与史铁生关系很好，联系到他对姐姐的爱，想到苦难，对苦难的哲理升华便使生命找到了精神港湾。于是我闲读周国平的作品，有时对着他的形象发呆。我与周国平是同性的，倒是妻子说："看他的样子，就知道他是有内涵的。"这话听来，好像特指我没内涵。我感到不快，好在常言说，赞美自己的女人，往往是别人的妻子；对自己刻薄的女人，恰恰是爱自己的妻子。

疾病是苦难。大病不夺去性命，也会给人残疾，至少是后遗症。

周国平先生曾引用史铁生的话："人所不能者，即是限制，即是残疾。"他评论道："在此意义上，残疾是与生俱来的，……这是智慧的起点。智慧又不会仅止于智慧，它必不可免地要走向信仰。任何信仰倘若不是以人的根本困境为出发点，它作为信仰的资格也是值得怀疑的。"史铁生说："皈依并不在一个处所，皈依是在路上。"周先生评论道："凡是坚持走在路上的人，行走的坚定就已经是信仰的成立。"（《智慧和信仰——读史铁生〈病隙碎笔〉》）

读了这些话，我还有什么理由不接受灵魂的熏陶与拯救？

后来，汶川地震、日本地震，周国平这样评论大灾难中的坚持者："我们挺立在那里，没有观众，没有证人，也没有期待，没有援军。我们不倒下，仅仅是因为我们不肯让自己倒下。我们以此维护了人的最高的也是最后的尊严——人在大自然（神）面前的尊严。"

他引用陀思妥耶夫斯基的话："我只是担心一件事，就是怕我配不上我所受的苦难。"他评论道："我们终于发现，忍受不可忍受的灾难是人类的命运。接着我们又发现，只要咬牙忍受，世上并无不可忍受的灾难。一个人历尽挫折而仍葆爱心，正证明了他在精神上足够富有，所以输得起。"

读了这些话，我还有什么理由不接受苦难？

苦难，精神的通行证。

精神的制高点，让我们肃然起敬。

史铁生走了，走完他苦难的轮椅人生。他妻子对前来的客人说："现在你们可以对着史铁生（的照片）尽情谈论了，因为他不会疲倦了。"

哲人已逝，轮椅上的精神永存。

向学生"贩卖"周国平

本人是教书匠，写不出好文章，便去做行贩，把周国平的作品不断向学生介绍，用心灵"贩卖"。总结下来，推荐过《周国平论道德》、《周国平论爱》、《周国平论苦难》、《周国平论女人》、《周国平论读写》、

《周国平论少儿学哲学》，每次辅之以按语、导读、设问、重点提示等，还有《周国平论孤独》、《周国平论沉默》、《周国平论交往》等。"贩卖"的结果是借周先生书籍阅读的学生多了起来，我甚感欣慰。

比如周国平对道德的论述，肯定不是简单的利他。他说："利己是生命的第一本能，同情是生命的第二本能，后者由前者派生。同情是以利己的本能为基础的，由之出发，推己及人，设身处地替别人想，就是同情了。诚信是以打交道的双方所共有的人的尊严之意识为基础的。"在周国平眼中，道德是丰富的，不是单调的硬杠。他的道德理论，让我们的心灵柔软。

他有许多引人深深思考的话："道德败坏是一种蒙昧。医生把罪犯看作病人，道德家把病人看作罪犯。在医生眼里，人人都有病。在道德家眼里，人人都有罪。医生治国，罪犯猖獗。道德家治国，病人遭殃。"(《周国平论道德》)

细细品味，慢慢阅读。这不是快餐，需要反复咀嚼，滋润精神。

我曾写过的许多阅读批注、按语，现在读来都感觉苍白无力，甚至有些文不对题。我的所谓"导读"，连误导都称不上。

我是个不合格的无证贩子，好在作品的"正能量"必然大于本人饶舌产生的"负能量"，"贩卖"将继续。

想给周国平起外号

我向学生介绍时，不愿称他为周教授，太文绉绉了，有些刻意。

所有刻意的尊重都是距离。周先生是求真的，求真不需要距离。

有时称为周国平先生，更多的是直呼其名，倍觉亲切。有时连姓都省掉了，好像他就是我的朋友、我的大哥，这都源于他的文风给人的亲近感。反过来，某些自以为自己是大师的，我敬而远之。与某些大师装腔作势的夸饰文风相比，周国平更多的是灵魂的真善美的表达，更多的是人性与道德的探索、追求。

很想给他起个外号，比如我有一朋友是书法家，我喜欢叫他"老初头"。有一朋友姓连，是演讲师，我们闲谈时就称他"连"。

叫外号更觉得亲切，怪不得古人喜欢用号来戏称。敬之又戏之，然后亲之，远近之道也。

于是我想叫周国平先生为周扒皮（扒精神之皮）、老国（聒）、小平之类的，但都不如意。"灵魂工程师"称号正合他，但太俗。

至今没有合适的，好在这事儿不急。

阅读思考与记录

周国平在他的《精神拾荒三部曲》中说道："学而思，思而录，是愉快的精神拾荒之三部曲。""学"与"思"，多有论述。我对"录"这一步，有许多感叹。"录"即记录，周先生用"录"不用"记"，有其妙处。我理解的"记"，会有选择，会有遗漏；而"录"，几乎是把思想、灵感没有负担地记录、抄录，没有选择地录下来。即某一时段里，自己的思想是一个客体，完全实录，以保持灵感、思想的原始状态。这是最有价值的东西。

我也保持随时记录这种习惯,闲时读到好句子,我会抄录一遍。抄着抄着,自己就会仿写、续写下去了。就像现在,貌似我的精神"站到了巨人的肩膀上",自己欣欣然。附庸风雅,我得其乐也,尽管这么做不合周先生的求真之道。

现在抄录《精神拾荒三部曲》中的几句话:"根据我的经验,思想的产生不仅需要交往亦即外界的激发,而且也需要思想者自身的体贴和鼓励。黄山谷说,三日不读书,便深感自己语言无味,面目可憎。我的体会是,三天不动笔,就必定会思维迟钝,头脑发空。当你对较差的思想也肯勤于记录的时候,较好的思想就会纷纷投奔你的笔记本了。"

我通常把这些话贩给学生,一求学生积累,二砺学生写作之志。周先生讨厌所谓的"成功学",讨厌名利目的,旨在追求精神丰富。我徘徊着,在应试与素质的中间地带,拾得些精神碎片,继续贩卖。有时在不懂装懂之中,心血来潮,如初生牛犊,向茫然的精神制高点冲浪。

诚然,我明白,阅读是私人化的行为,读书一定不会如集市般闹热。读着周先生的《安静》,我"安静"了下来。在我精神的荒漠中,灵魂一次次被绿意滋润。

边贩边读,贩卖之余,我记录着。当我翻看记录,竟长出了些许绿意。

文摘人生——文摘式阅读的思考

我们的生活离不开阅读。

阅读必有选择,读到会心处,自然会有摘录的愿望。摘录,目的是方便自己重复阅读,重复是学习的母亲。清代学者张穋若有"纸条贴墙读书法",每读一书,遇到好段落,用纸记下来,贴于墙上,记熟后再取下来。

成熟的读者都会有文摘的习惯。从前我们做文摘卡片,许多老夫子经年累月摘录材料,分门别类,做成一沓沓,塞满抽屉。曾经有种极端的说法:读书不如借书,借书不如抄书,眼过千遍不如手抄一遍。民国学者孙德谦就有借读抄录法。他说:"自一经手抄,当时意既专注,可使过目不忘。较之泛泛浏览者迥乎不同,吾是以知抄读之为益宏多也。"(《书用抄读例》)青灯孤影,囊虫映雪,一笔一画,书写出一张张、一摞摞卡片,被视为严谨治学。摘抄是慢活细活,经过摘抄的内容,必然会深深体会,留存于脑海,加之当年环境诱惑少,生活清淡,耐得住寂寞,过着"一箪食,一瓢饮"的日子,反而容易成就学问。

现在,手写誊录已不多见了,电脑输入、网上粘贴已成常态。阅读信息成倍地扩展,分散了人的注意力。为此,有效阅读更需要文摘。

目前,大量的文摘类报刊为我们阅读提供了方便,有《新华文摘》、《读者文摘》、《报刊文摘》、《青年文摘》、《文摘周报》、《文摘卡片》、《晚报精华》、《美文摘抄》、《剪报》等。许多网站、微信平台也用文摘吸引眼球。

同样,大量的博客、QQ空间也不断地摘录着读者自己喜欢的文章,正如号称硅谷精神教父的凯文·凯利在《失控》中称,互联网的本质是复制。当然,也有博客发的是原创,有的是写作与摘录共同进行。我们建议青少年建博客,做文摘式阅读,既方便自己重读,又方便进行阅读推荐、交流。然而,笔者浏览了好多QQ空间、博客摘录,又有些忧虑。

首先是搞笑类居多。搞笑片段总是不断地被转载。也许是生活太紧张,娱乐休闲阅读常常被摆在首位。在点击率决定一切的氛围下,搞笑、猎奇吸引成群粉丝,许多严肃认真的摘录反遭冷落。正如一个人的藏书反映出一个人的精神追求,而一个人的阅读内容也展示着他的精神轨迹与生活品位,哪怕是附庸风雅,也比随波逐流强,至少雅俗共赏。当然,我们也看到许多博客摘录内容高雅,主题严肃,在坚守,在思考。文摘,请追求品位。

第二是花样繁多。以图文并茂吸引人,本是好方法。读图时代，快捷畅意，更有动漫艺术引人注意。而现在往往是图片淹没了文字。此外，许多摘录搞排版出奇，五花八门，五颜六色，与许多报纸版面一样，标题党盛行，搞不清楚这是文摘阅读还是广告创意。质朴的文字，平实的版面，更能传递深刻的思想。文摘，请追求简朴。

第三是数量太多。有许多摘录博客每天粘贴三五次，几万字，有的整本书转载。摘录要突出"摘"字，摘是选择，从内容上、数量上进行选择。要把自己精读过的、重要的内容摘录上去。能摘一篇不摘整本，能摘一段不摘一篇。电脑粘贴不比从前的手抄，数量多说明不了问题，重点摘录才方便自己重读。那种连自己都没读过就粘贴上去的，纯粹是和稀泥，浪费他人的时间。文摘，请追求精选。

第四是目录不清。文摘多起来，就必须进行归类，建制目录、索引，形成知识架构。朱光潜先生说："记笔记和做卡片有如植物学家采集标本，须分门别类订成目录，采得一件就归入某一门某一类，时间过久了，采集的东西虽极多，却有班位，条理井然。这是一个极合乎科学的办法，它不但可以节省脑力，储有用的材料，供将来的需要，还可以增强思想的条理化与系统化。"

把知识系统化是很困难的，也是很重要的一件事。我们在教科书的架构下，师生按部就班，体会不到建构体系的难度，学生的意志力只要凝于一堂课即可，思维没有主动地向整个话题、体系运动。这可能是应试教育最大的弊病。一到大学，面临论文写作，面临课题研究,要求自建架构,就彰显出意志、能力的缺陷。而从小阅读、摘录,慢慢积累,不断归类,属于自己的知识架构便会逐步形成。比如兵器摘录,可分为冷兵器、热兵器、电子兵器等,联系到兵器与科技的辩证关系,延伸到战争、国际形势,再从现实深入到历史中,不断拓展,形成自己的体系。比如美学摘录,可从自然美、艺术美、社会美、美感距离说、美感孤立说等理论,到黑格尔、席勒、王国维、朱光潜、宗白华、李泽厚等名家,从古典诗歌的意境到现代小说、散文的美,再到日常生活的美,分类不断细化,知识随着摘录向纵深发展,与现实接轨,形成自己的个性。文摘,请追求体系。

文摘其实是自己做自己的编辑,所谓编辑是按一定的体系对阅读材料进行整理加工。最差的文摘是全盘翻录,存于硬盘,等于拿复印机复印图书馆全部资料,堆于书房。一堆没有整理的资料如同乱麻。最好的摘录不仅要精选,还要有点评、感悟,当然还包括出处。马克思读书必动笔,他在给他父亲的信中说:"我养成了对读过的一切书作摘录的习惯——例如,摘录文克尔曼的《艺术史》、路登的《德国史》——顺便还写下自己的感想。"为了查阅方便,他还对许多摘录与笔记编制了目录和内容提要。

一个人的阅读史,就是他的文摘史,也是他的精神发育史。文摘阅读,成就学问,也成就人生。愿青少年多建博客,建好博客。做好自己的文摘,等于"编辑"好自己的人生。

"碎片阅读"的碎片思考

碎片阅读现象

近来,随着网络资讯越来越发达,碎片阅读的概念浮出水面。有这样一些人,他们是公交车里捧着手机接收信息的低头族,是电脑前点点鼠标的网虫,是一杯茶一根烟翻阅轶闻的八卦寻找者,他们每天接收一些零碎的、重口味的信息,互相传阅为乐。此类信息以点击率为标准,以吸引眼球为原则。看微博,传微信,转 QQ,是他们的阅读常态。

大量的"碎片阅读"评价也如碎片,贬者褒者,痛斥者支持者,众说纷纭。为此,我们有必要厘清一些现象。

什么是阅读

广义上讲，所有信息接收都是阅读，大自然、社会都是书；狭义上讲，阅读是以书面语言符号为载体获取意义信息的思维活动。图像材料，如绘画、雕塑、摄影，是以线条、形状、色彩等为载体传播信息的。图像传播直观、感性。语言是思维的符号，需要读者主动"翻译"才能获取信息。同时，语言材料能传达理性的、复杂的信息，因此，阅读更需要读者主动参与。换句话说，越是理性抽象的内容，对主动性的要求就越高。

什么是碎片阅读

语言材料传播的信息不一定是知识。信息可以是碎片的，知识应该是向整体、系统聚拢的，哪怕是我们通常说的知识点，其点中也含面。"红楼梦"三个字是信息，而与曹雪芹、清朝、贵族、贾黛等信息组合成的《红楼梦》才是知识点。阅读是语言信息向系统聚拢的思维过程。

我们暂且把碎片阅读理解为用语言材料接收零碎信息而不进行综合分析的浅阅读。本质是思维零碎，不进行综合分析，主动性最弱。碎片阅读与整体的系统性深度阅读相反，是一种不严肃的阅读态度。

一些认识误区

在此我们来说明一些认识误区——

见缝插针、抓紧时间主动阅读零碎信息，这种其实不是碎片阅读。对于思考者来说，许多飘浮于生活空间的碎片，是生活的组成部分，是思维的触点，有时是灵感的源泉。信息爆炸的今天，强节奏的生活下，碎片是环境的必然。不去阅读、辨别，怎知有用没用？而这些阅读可以为系统阅读、深度阅读的一种准备与补充。正如驿站书店、林中图书馆、迷你图书馆、漂流书亭、地铁图书馆等，它们只利用我们的碎片时间，成了图书馆系统的组成部分。

语录体不等于碎片化。有人说，孔子的《论语》与柏拉图的《理想国》等名著也是语录体，以此肯定碎片阅读。这些语录本身具有强大的内在逻辑与思维系统，与碎片化阅读不可同日而语。

140字的微博阅读也不一定是碎片阅读。从时间、地点、人物、事件、原因、结果等要素来讲，140字已经能完整叙述一件事。

几册书并读，一册书读一章一节，是速读。选段阅读，关键字阅读，标题、目录阅读，中心句阅读，精彩语句选读，生僻词语、难解句子跳读，读简介、前言、后记等，都是速读，而不是碎片阅读。

读者浮光掠影，有眼无心，是无益的碎片阅读。即使坐拥书堆，东翻西抄，不作思考，不连贯，也是碎片阅读。

总之，读书重"心到"。心到，碎片是宝；心不到，宝也是碎片。

心不到的碎片阅读

心不到是碎片阅读的特点。碎片阅读的特点是充满信息,缺少系统,充满感性,缺少思考,充满趣味,缺少品位。汹涌而至,重刺激性,缺乏智慧,低主动性。

碎片阅读是缺少理性的沉浸与思考的乐趣,在感性的沉浸中不能自拔,拿搞笑当智慧,把情绪娱乐当思想感情,把随波逐流当与时俱进。

这种碎片阅读,表面上是诗意,实际上是醉意,沉溺于感官刺激,是感官的陷阱,是思维的惰性。明知没有成效,却继续意志沉沦。就看那些段子、顺口溜、快餐材料,貌似道理通透,实际经不起推敲。原谅错别字,忽略病句,追逐生造词汇。写也浮躁,读也浮躁,全是信息传声筒,传递欲念,媚俗,赶热闹,填补空虚无聊。

在碎片化阅读的环境下,人们好像没有了寂寞。许多网站、读物的语言信息零零碎碎,更多的是商家为了自己的企业而进行的注意力引导。商业竞争表现为注意力竞争,哈佛专家论述软实力时说,这个时代不缺信息,而是缺少注意力。碎片化的注意力,成为强节奏生活的副产品。

阅读的意义

面对碎片世界，自身的定力、系统存在与否，是生存的基础、技巧。应"胸中有丘壑"，不被眼前凌乱干扰思绪。

除了部分休闲外，阅读应该是一种智慧活动。阅读增长见识，开阔视野，挑战思维。阅读的目的是为了超越现实的局限，达到美的、理性的、通达的智慧境界。好似我们心中有一个美的制高点，人的一生都在为向更高一级层次迈进而努力。与其他艺术活动一样，阅读更多的是为了在精神上向高层次迈进。

阅读是积极的探索。只有积极主动的思维，才能构建出理性的天地，在理性的光芒下才能建立起智慧的大厦。

做一个独立思考者

信息爆炸的时代，说到底是被符号绑架的时代，符号充斥着人的视野，塞满了空间、时间。人，在太多的信息、符号前失去了独立，"跟着感觉走"。

我们有过被红色符号绑架的时代，被颓废观念绑架的时代，被经济数字绑架的时代，现在是什么样的符号都有的"多元时代"。

工具普及，因工具带来便利，产生了短时间生活节奏的变化，有利有弊。一段时间后大家会恢复理性，利还是利，弊会慢慢减轻。从理性上说,现在大量的人认识到网络是工具,好多人有了摆脱闲聊的愿望。

为了拒绝碎片,有人远离电脑,不装微信,他们把工具当成罪过。其实,网络是个好东西。有人说,读书,能让我过别人几辈、几十辈的生活。同样,网络世界,也让我们现在的生命是古人的几辈几十辈子的容量。20世纪80年代有人提出电视害了学生,结果80后这一辈反而视野开阔,思维敏捷。况且,如今网络已经是生活的一部分了。

网络世界,良莠并存,逼着人独立思考,寻找理性。让自己成为思考者,是最佳选择。对于一个思考者来说,广告与口号都是耳边风,更不用说转瞬即逝的碎片信息。在感性的碎片中清醒着,才是思考者的常态。否则,任何人都会在网海中被裹挟,成为信息的奴隶。

为此,我推荐几种拒绝不良碎片阅读的方法:

诵读法。轻诵慢读,细细咀嚼。让每一个字都在诵读中出现相应的图像、意境,产生积极的联想。

提要法。面对一本书,要重视目录。用几百字把全书内容概述出来,或者以自己的叙述方法把内容表达出来。

胸中有丘壑法。面对大量的碎片信息,自己心中有强大的知识结构,把所有的信息分门别类加以储藏,没用的碎片就会自动"脱落"。

动笔法。提倡不动笔墨不看书。勾画、标号、批注,现在读书也需要。过去有卡片摘录,现在一般用电脑输入了。对电脑文档阅读者,建议不要全部粘贴,必须有取舍。

比较法。对阅读对象产生相似、相关联想,寻找链接,比较优劣、特点,进行取舍。比较法简便、实用,会让自己摆脱云雾般的碎片。

质问法。不断向作者提问。明知作者有理,也要反诘,用自己的理由与之较量一番,要跟作者讨价还价。

境界法。说到底,不良碎片阅读是一个人境界低的表现。从20世纪90年代开始,一股拒绝崇高、放弃思考、注重感性的思潮漫延。物质发展的今天,加之网络的兴起,沉浸碎片、享受平庸的生活方式成为时尚。如今,提倡全民阅读,提升精神,是适时的举措。

动笔，有力度的阅读

大家都知道，"不动笔墨不看书"。我也有些体会，记录下来，用以印证。

点圈划评

我们教师经常做学生，被圈在一个班读书，称之为继续教育。有一次听一位老教授讲电影课，他说：在书本某页某段某句，画线。某句划双线，某个词语加点，某个词语加圈，在某段旁边注上某词语、某句话……我们同学听得想笑，碍于老教授的威望没出声。老夫子真迂，我们又不是小学生。下课后我们看教授的书本，一条条线笔直，如尺子格出来的。圈也画得够圆的，规范，有功力。眉批更是清清楚楚，字写得大小合宜。

其实老教授只比我们大十来岁。继续教育时，许多老师年龄比我们还小。有一位年轻的副教授给我们上课，用课件，鼠标一点,答案跳出来,我们的思路豁然开朗,大有"顿悟"之感。我们一堂课下来,书本都没翻,用优盘把数据倒过来,便满足地离开了。

但是,过了一段时间,在整理、复习这些内容时我们发现,有点圈划评的,很快在脑中形成一个整体概念。双线一层,单线一层,好像一个层次级目录,提纲挈领;圈的最重点,点的次重点,好像内容提要。而眉批的地方,恰到好处地延伸了书本的思路。我们理解老教授,其实我们教学生也这样做的。而用课件上课的,思路顺畅,当时如放电影,兴趣浓厚,但在脑中留下的不多,复习起来不容易。由此可见,圈点画评过的知识容易在脑中扎根,重复阅读,高效多了。

作家冯积岐曾在《谈读书》一文中说:"我读书养成了在书上眉批的习惯。当时有什么感受、启示就在书上画出来,或用几句话写出来。……一部福克纳的《八月之光》,我不知读了多少遍,每读一遍就画一遍。书中有被黑铅笔画出来的,有红铅笔和蓝铅笔画出来的,有钢笔画出来的,有签字笔画出来的。笔的颜色有七八种。这样的批注、圈、点,是强化感觉的过程。特别是那些经典,每读一遍,就有新的感觉、新的发现、新的收获。读书和写作一样,当时能捕捉到的,过后不一定就存留下来,因此,需要记录。"作家夏丏尊说:"我虽爱买书,而对于书却不甚惜。读书的时候,常在书上把我所认为要紧的处所标出。线装书用笔加圈,洋装书用红铅笔画粗粗的线。经我看过的书,统体干净的很少。"夏作家、冯作家动笔比老教授还来劲,全副武装,钢笔、铅笔、各种颜色笔都用上了。

圈点划评,有力度的阅读。

抄　摘

　　我读书时有一位教我们外国文论的朱老先生,普通话不准,口才不佳,而学识丰厚,用土话讲叫"满肚子货色倒不出",同学们对他十分尊敬。他讲西方文学理论,让我们这些理论盲们云里雾里的。他讲到激情处,就"嗑嗑嗑"的,我们理解他进入了情景,安静地听着。正如后来有一句电影台词说的,你讲得太好了,可惜我们听不懂。于是老先生就抄,满黑板地抄,把整只手都抄成了白色。我们也抄,不断地抄,手指抄麻了还抄。我们坚信抄的是宝贝,尽管脑中似懂非懂。后来我们同学谈论起来,收获最大的还是这门课。这些抄写毕竟让我们熟悉了一个个西哲的名字:柏拉图、苏格拉底、康德、黑格尔,与中国的孔子、老子比对,脑中组成了一幅人类精神探索的长卷。这对于一个处于青春初期的"小小少年",具有莫大的启蒙价值。

　　也有同学读书时,把自己认为最精要的摘录下来。

　　常备纸笔,随手摘录,这是我们从前进阅览室、图书馆的习惯,一直保持着。就是看电视也不闲着,有些电视剧质量不怎么样,但经常会蹦出一些好句子,就是运动会的解说员也不断会用哲理语言穿插解说,什么"一场球就是无数个细节组成的人生社会",什么"悲剧就是叹息指责之后依然没成功的中国足球",微妙的思路随着情节、场景一下融入了我们的思维。此时摘录，事半功倍。

如今网上阅读多了，在网上读到高质量的电子文档，可以选出重点，停一停，赏一赏，粘贴几句给朋友。不过，网上摘录，要求精，切忌数量过多。

清代史学家章学诚曾说："札记之功，必不可少；如不札记，则无穷妙者，皆如雨珠落大海矣。"蔡元培先生写道："我记得有一部笔记，说王渔洋读书时，遇到新隽的赋诗词句，就用纸条抄出，贴在书斋壁上，时时览读，熟了就揭去，换上新得的，所以他记得很多。"

抄摘，最简单，却也是最有恒力的阅读。

默　写

前几日与人讨论到孩子背经典好还是不背好。大家意见比较一致：孩子要背，即使现在不求甚解，将来是会理解的。我们抄经典的好处就足以证明这一观点。

还是这一位朱老先生，当时有同学忘记了唐诗中的下一句，老先生马上接口。同学们惊讶，老先生平静。悄悄地，许多同学模仿着背《唐诗三百首》，可惜我挑肥拣瘦，把短的背了，长的就坚持不下去了。

背书是有力度的阅读，一位极富口才的教师，深入浅出，把经典解释得清清楚楚，这固然不错，但收获更大的可能是让孩子背经典，尤其是默写经典。背书进入熟练状态，内容随着语调、表情不断展开;默写进入熟练状态,内容随着笔画不断展开。久而久之,读者深深地投入了自己的理解与感情,与作者与文字融为一体。熟练背诵、默写,让阅读向纵深发展。

闲笔书写

与熟练默写一样,我有位老朋友闲下来就动笔书写几句。写上几句古诗,抄上几句哲理句子。有时从记忆库里搜出一些佳句妙语书写在纸上,赏玩起来,当真搞不清楚这语句是别人的还是自己的,是默写的还是创作的。

汉字象形,一笔一画都与意义相连,书写充满了韵律美。随兴书写,笔画、笔锋会把自己的理解刻入纸中。可以龙蛇飞走,也可以轻勾漫挑。一点像榔头敲下去,一捺如扫帚横扫,气势充沛。美妙的语言与自己的手指神经相连,仿佛融入了整个身体。如果再写下几句自己的感受,那我们的灵魂就与知识、智慧融为一体了。不要说自己的字不怎么样,而要说这种感受不亚于书法家。那些飘飘欲仙的高寿书法家,就在这里将精气神融为一体,阅读与创作、主体与客体、人与自然合一。

据说苏东坡40多岁被贬黄州时,还做"日课",内容就是抄《汉书》,抄了三遍。朋友朱载感叹:"以先生的天才,开卷一览,就可终生不忘,还用得着手抄吗?"

看到《坐在人生的边上——杨绛先生百岁答问》一文,里面有钱锺书夫人、百岁老人杨绛的感叹："我从年初开始，再次用毛笔练小楷，抄写锺书的《槐聚诗存》，一天写几行。练练字，也通过抄诗与他的思想诗情亲近亲近，今天深夜两点，全部抄完。"

如果我们也这样闲笔书写李白杜甫，就能亲近盛唐，书写阮籍嵇康，便得魏晋风骨，时髦地"穿越"一番，"思接千载，视通万里"。

动笔，与作家对话

语言学家王力说："看一本书如果自己一点意见都没有，可以说你是没有好好看。"

作家三毛说："属于自己的书，便可以与作者自由说话。书本上，可圈、可点、可删，又可在页上写出自己看法。有时说得痴迷，一本书成了三本书，有作者，有金圣叹，还有我的啰嗦。这种划破时空的神交，人只有请来灵魂交谈时可以相比。"

反过来可以说，动笔，是与作者对话的一种方法。光看书不动笔，犹如只听报告不互动。作家与读者同样面对着世界，自己一点看法都没有，显然是不可能的，除非没看懂。而经过动笔，说不定你在某一点上比作家有更高超的发现。经常对话，必然产生自己的创造。

读书会的形式

随着生产力的发展,物质生活水平日益提高,闲暇时间越来越多,人们对精神生活的需求也日益突出。除了旅游、音乐、舞蹈、游戏娱乐以及原本丰富的影视欣赏外,作为精神生活重要内容的读书也日渐凸显。读书会也因此不断加多,并形成了自己的特点。

自发、松散是读书会的组织特点。

没有物质利益冲突是自发松散的基础。和驴友、街舞等一样,读书会是自发的、相对松散的生活群体。虽然有些什么规定、章程,也都是成员自愿约束自己、促进阅读为目的的条文,典型的"有纪律无组织",起码没有严密的组织。没有物质利益冲突,也不存在法律效应。经济群体以利益为目的组成,政治群体凭信仰组合,生活群体凭兴趣组合,读书会则是凭兴趣组成的生活群体,追求精神生活,可涉及政治观点,但一般不涉及政治诉求。读书会也不同于专业交流的行业协会,行业协会更多与利益挂钩。而专业学术组织则更多具有保密性,读书会要保密的内容不多。

不确定人数、内容是自发松散的表现。读书会一般是小众化的，十来人、二十来人、三十来人不等。其实，只要三五个人在一起读书，就是读书会。两三个人为着一本书、一篇文章、一个观点讨论不休，这也是读书会。读书会成员可随意增减，其发展不表现在人数的增多，而表现在读书质量的提高。这一点好似班级授课，一个班级的质量在于这个班级的学习水平，而不在于人数多少。但班级是集体，不能松散，有组织，有纪律，有明确的目标，其成员基本稳定。班级成员不是自发组合的，而是依据地域、成绩层次来划分，组成班级也是随机的。在班级中，个人意志须先服从集体意志。因此，班级读书内容是统一的，课本、作业大都统一，很少由班级自己决定。现在推行学分制，自主选课多起来，也强调个性的一面。诚然，读书会也会规定读某一本书，但这可以是个体之间讨论的结果，还是自由选择成分居多。

自由交流书籍信息、读书体会，这是读书会的本质。本质是交流，其成员之间必须有或多或少的互动，有互动的才能成为读书会成员，不互动的只能是听众。在读书会中，只有互相约定的"读书义务"、"发言义务"，以及配合主持人的"协调义务"，没有下级服从上级的说法，平等交流是成员之间的原则。读书会成员之间推荐书籍、文章越有针对性，讨论话题越深入，互动越充分，收益就越大，该读书会活力就越强。有针对性也是一种互动，否则，书海茫茫，推荐的书籍不着边际，就构不成互动基础。

换句话说，班集体的读书目标是既定的，班集体的质量决定于大家向这个目标迈进的进度、速度。读书会的读书目标,比如读哪些书是商定的,是可以变化的。读书会的质量既决定了目标的实现,也决定了目标本身向纵深的发展。

如上所述,由于是自由交流,没有利益冲突,因此,读书活动内容基本上是可以公开的,甚至是完全开放的。它不像利益集体、宗教团体、政治团体有那么强的封闭性,更没有班集体那样强制培训、闭卷考试的形式。

自发松散、可以公开、互动交流成为读书会的三个特点。

读书会的形式多种多样,各成员按照个体间的沟通、协调,追求最佳的组合形式。简单介绍如下——

按读书内容分:

茶座式,特点是无主题或主题不断变化。随兴所至,海阔天空,东西南北,古今中外,上至天文地理,下至鸡毛蒜皮。适合于中老年人,也适合于休闲。

主题式,特点是围绕一个主题组成。如《易学》读书会、《红楼梦》读书会、莎士比亚读书会、民国女性读书会。有对应的专业性,更多的读书会把特定主题作为某一时段的主题。这种有约定的读书会更适合于年轻人,有动力,有利于积累。

按对话方式分:

讲座式,邀请专家、学者、作者、朋友来做读书报告,或者在读书会成员中确定一位主讲人先就某一主题讲话,然后成员间互动。

嘉宾式,邀请两个以上嘉宾,与主持人、成员进行问答。与讲座式不同的是，嘉宾没有长报告，可以就内容进行短暂的描述，互动成分加大。

论坛式，确定几个成员就某一主题进行发言。一般三五个以上，发言结束后可以互动，发言者与成员之间可以互动，发言者与发言者之间也可以互动。

讨论式，由主持人确定主题，大家自由发言。没有中心发言，参与程度最大，互动面最广，最符合读书会交流的本质，但可能会因为太松散而影响效果。

活动式，由主持人确定活动方式，大家各自展示自己的才能。比如诗歌朗诵，猜字谜，成语比赛，汉字书写，辩论对抗，采访，演剧等。活动式不但互动面最广，且相对的参与度也最深，体验性、实践性强。

按人际模式分：

松散式，这种模式最自由。想来就来，不想就不来，甚至可以随意迟到早退（当然不提倡）。男女老少尽可参加，三教九流全方位开放。这种模式想要长期坚持，需要主办者不断地邀请名流、专家、爱好者，才能给读书会以新鲜内容。外松内紧，在没有任何约束的情况下，不断更换主题才能引发大家的兴趣。

沙龙式，这种模式有约束。中世纪西方沙龙就局限于贵族范围内，有些文学沙龙规定只有发表过文章的文学青年才能够参加。成员层次相近便于互动，为提升读书会的效率，作些门槛限制确有必要。

约束式,在自愿报名参加的基础上,对参加者提出纪律要求。比如限定在一周内读完一本书,写出体会;限定三个月内作一次主讲;限定互改成员的文章。这种类似于班集体管理的模式,对于作好读书准备、强化读书的书友来说,是发展自己的绝好机会。适合于年轻人,有利于快速积累知识。

按经费模式分:

AA制,各人集资均摊。

企业、单位、个人出钱举办。

还有通过活动积累基金,如筹集稿费、演出费等收入给读书会。

此外,还有一些阅读形式,归不到哪一类。比如:

真人读书会。邀请一些有经历的人,说说自己的历史,实为真人故事会。一人一世界,人生即书。真人描述最逼真,细节最丰富,也最有共鸣,更有互动效应。此外,作者亲自在读书会上介绍自己的书稿写作经过与内容特点,也是真人阅读。这种阅读最大的好处是从写作经过介绍中认识这本书、这篇文章,附带也让那些抄袭者、找枪手代写者原形毕露。

亲子读书会。一对对父(母)子参加读书活动,讨论读书体会,教学相长,群体交流,能给孩子良好的读书氛围,也让自己很好地"继续成长"。

混合读书会。比如旅游兼读书,音乐、体育等与读书结合,还有社会实践与读书活动结合。

网络读书会。如 QQ 读书会，可以是相识的、互不相识的人一起加入一个群，组建一个论坛，互相荐书讨论。这种方式因为是虚拟世界，最自由，但要把握好。否则，耽于聊天，浮泛无边，会走向读书益智、健心养神的反面。

延伸阅读

《随机生存的智慧》阅读导引

《随机生存的智慧》是美国作者纳西姆·尼古拉斯·塔勒布的作品。作者绝大多数时候都是一名漫游者,在地球各个角落的咖啡厅里冥想。他早年曾经从商,目前是纽约大学特聘教授。他的作品包括《随机致富的傻瓜》和《黑天鹅》,后者曾连续一年多列位《纽约时报》畅销书榜,以 31 种语言出版,是一本知识、社会和文化方面的经典著作。

《随机生存的智慧》的主题是批判现代文明。比如:通过改变人来适应科技,为了推销药品而发明新的疾病,责怪现实不符合理论,说服人们相信雇佣并不是奴役,让孩子改变天性来适应课程,把智力定义为可以在教室里考核的东西。作者认为,削足适履使智慧不断失败,以此批判这个荒谬的现代世界,讽刺文明。

削足适履的目的是随机生存。调整自己的"足",适应社会,适应他人给自己定下的"履"。在我与周围环境之间、个体与整体之间,是改变自己适应现实,还是改变现实适应自己?是改变人类适应地球,还是改变地球适应人类?三十多年前青年们讨论过时势造英雄还是英雄造时势,如今人们思考的是应像大企业家那样造势扩内需还是像小商人那样随机求生存?为了健康的体育运动却服用损害健康的兴奋剂,为了生活幸福而痛苦地赚钱,为了自由却被奴役。一代又一代的思考,激情与浪潮把时代的价值观植入了人们的心灵之中,可谓之学习,也可谓之洗脑。而哲人总能够透过现象,穿越时代,保持自身的独立,达到既逆反又适应的智慧境界。

作者有些超然的思维特点,而这种超然在于他对社会的深度把握,在司空见惯的现象中发现处处存在的错位现象,从熟视无睹的思维习惯中发现陷阱。揭示用错觉武装起来的现代文明,寻找回应有的世界。

一个思索着的人,其精神总是健康的,不管他处于健康还是不健康的社会中。作者认为,勇气、优雅与博学让自己健康。

以下是精选的塔勒布哲理语言,请从这些语言中选择若干句阐释或进行模仿练习。如,"思维清晰是勇气的结果,而不是反过来"。解释:恐惧让人的思维无法展开,比如面对众人讲不清,而两人交谈或自己冥想却很清楚。仿造:纵欲是愚昧的结果,而不是反过来。

思维清晰是勇气的结果,而不是反过来。

绝大多数沉迷于信息、网络、媒体、报纸的人都很难接受,获得智慧的主要方法是从头脑中除去垃圾信息。

信息时代的灾难在于，信息的害处远比它的益处增长得快。

愚人的陷阱是，你会关注你知道而别人不知道的事情，而不是反过来。

给别人提出最多建议的人，往往是那些最不成功的人，特别是在写作和挣钱方面。

年长的人最美丽的时候，是他们拥有了年轻人所缺乏的东西的时候：雍容、博学、智慧、经验以及波澜不惊的平静。

对撒谎者最好的报复，就是让他相信你真的信了他的谎言。

人们所谓的"谦逊"，其实通常都是掩饰得比较成功的傲慢。

你是否真的喜欢一本书，判断的标准是你是否会重读它，以及重读了多少遍。

有些职业在外人看起来很有意思，其实很无聊。他们说，就连海盗都是这样。

人们总喜欢关注"榜样"，其实更应该关注的是"反榜样"——你长大后不想成为什么样的人。

制药公司更擅长发明出疾病来接受已有的药物治疗，而不是发明出药物来治疗已有的疾病。

科学需要你了解世界，商业需要你让别人误解世界。

现代社会给我们的双重惩罚是，既让我们衰老得更早，又让我们活得更长。

没人愿意被一眼看透，无论是被别人，还是被自己。

我怀疑，之所以他们处死苏格拉底，是因为太过清晰的思考是一件非常不讨人喜欢、非常令人陌生、非常违背人性的事。

如果你的愤怒随着时间逐渐消散,说明你对别人做了不公平的事;如果它随着时间逐渐增加,说明别人对你做了不公平的事。

对你名誉损害最大的是你为了维护它而说的话。

你是否真的喜欢一个人,判断标准是你是否愿意再次遇见他——剩下的都是空话,或者那种现在被称为"自尊"的情绪。

自从古罗马的老加图开始,人们一直通过斥责下一代人的"浅薄"、赞扬上一辈人的"价值"来表现自己的成熟。

表扬一个人没有缺点的时候,你也在指出他没有优点。

成功就是在中年时成为你在少年时梦想成为的那个人,别的都是失控导致的结果。

要获得彻底的自由,你不仅需要避免成为奴隶,还需要避免成为奴隶主。

命运惩罚贪婪者的方式是让他贫穷,惩罚特别贪婪者的方式是让他富有。

我去参加一场幸福研讨会,结果发现与会者看上去都很不幸福。

衰老一开始是用记忆替换梦想,到最后是用记忆替换别的记忆。

卡尔·马克思发现,要更好地控制一个奴隶,你可以说服他相信他其实是个雇员。

罗马时代的奴隶跟今天的雇员之间唯一的不同,就是奴隶用不着奉承主人。

只有当拒绝收下一笔钱比收下这笔钱更让你感觉良好时，你才算是富有。

对于绝大多数人，成功就是从憎恨别人的阵营转换到被憎恨的阵营。

那些不认为雇佣就是系统化的奴役的人，要么是瞎子，要么正被雇佣。

网络让人们"彼此相连"，结果在信息和伪社会的层面上营造出了一种怪异的滥交氛围，这让人每次下线的时候都感觉自己又变得干净了。

还没有被凡俗沾染的传媒就只剩下书籍了，你看到的其他传媒都试图通过广告来操控你。

世上有两类人：追求胜利的人和追求在争论中得胜的人。他们从来不是同一拨人。

那些利用别人的人，在被人利用时最为恼火。

二流思维方式的失败之处是：他告诉你一个秘密，想让你保守这个秘密，而他的行为刚好证明了他自己都没法保守它。

人们在战争中彼此摧毁，在和平时自己摧毁自己。

绝大多数现代科技都是延期执行的惩罚。

真实生活和现代生活的区别，跟谈话和两个人分别背诵台词的区别一样大。

作家让人记住的是他们最好的作品，政治家让人记住的是他们最糟糕的错误,商人几乎从来不会让人记住。

科学的过程是无聊的,结果是令人激动的;哲学的过程是令人激动的,结果是无聊的;文学的过程和结果都是令人激动的;经济学的过程和结果都是无聊的。

天才是指具有非常难以模仿的缺陷的人。

《论道德》阅读导引

　　说到道德,同学们就觉得受到约束。道德是制约盲目自由的,而向往自由是人的天性。于是大家喜欢艺术,艺术是追求自由的。在温饱问题基本解决的今天,追求自由幸福、提高生活质量已经成为我们的合理要求,过去在温饱、生存掩盖下的各种需求都浮出水面。迷茫还是理解?回避还是探索?许多精神状态是心理问题还是品质问题?或许兼而有之,或许误解误导。如果说解放的结果是人人变成动物,那么禁闭的结果是大家都是伪圣。走中庸的路最安全,没有是非,却是虚度年华。

　　生活中到处是选择,利己还是利他?放松还是抓紧?听从心灵呼唤走特立独行的浪漫之路,还是归于现实一步一个脚印锤炼自己踏上漫漫长途?当然,可以选择养活自己不危害他人的低调之路,也可以选择经世济人、福泽他人,甚至建功立业改良社会的高调之路。没有人自愿选择堕落,只有误入歧途者,逼入歧途者。

　　选择吧,道德选择其实就是生存方式的选择。可悲的是题目都没有看清,就让你选上答案。回头一看,物是人非。

此篇引录了著名作家周国平先生最近写的《论道德》这组文章,以供同学们读读写写。写上几句笔者按,可能会有疏漏。见仁见智,仅供参考。

论道德(1)

我相信苏格拉底的一句话:"美德即智慧。"一个人如果经常想一想世界和人生的大问题,对于俗世的利益就一定会比较超脱,不太可能去做那些伤天害理的事情。说到底,道德败坏是一种蒙昧。当然,这与文化水平不是一回事,有些识字多的人也很蒙昧。

(笔者按:"道德败坏是一种蒙昧。"对这句话怎么理解?而我们平常概念中还可能认为"道德败坏者往往比较聪明"。有句话叫:"宁可没有文化,也不可没有信仰。"请分析这句话的意思。)

假、恶、丑从何而来?人为何会虚伪、凶恶、丑陋?我只找到一个答案:因为贪欲。人为何会有贪欲?佛教对此有一个很正确的解答:因为"无明"。通俗地说,就是没有智慧,对人生缺乏透彻的认识。所以,真正决定道德素养的是人生智慧,而非意识形态。把道德沦丧的原因归结为意识形态的失控,试图通过强化意识形态来整饬世风人心,这种做法至少是肤浅的。

意识形态和人生智慧是两回事,前者属于头脑,后者属于心灵。人与人之间能否默契,并不取决于意识形态的认同,而是取决于人生智慧的相通。

一个人的道德素质也是更多地取决于人生智慧而非意识形态。所以,在不同的意识形态集团中,都有君子和小人。

社会愈文明,意识形态愈淡化,人生智慧的作用就愈突出,人与人之间的关系也就愈真实、自然。

(笔者按:"意识形态"是观念的集合,可以理解为各种主义以及各种宗教等,就可理解"在不同的意识形态集团中,都有君子和小人"这句话。即不同的制度、不同的宗教下,都会有君子与小人。至此,作家论证了道德取决于智慧而不是意识形态,印证了苏格拉底"美德即智慧"的论断,暗含着否定式"没美德—道德败坏即没智慧—蒙昧"的结论,以便为下文论证"道德败坏是一种蒙昧"张本。)

在一个人人逐利的社会上,人际关系必然复杂。如果大家都能想明白人生的道理,多多地关注自己生命和灵魂的需要,约束物质的贪欲,人际关系一定会单纯得多,这个世界也会美好得多。

由此可见,一个人有正确的人生观,本身就是对社会的改善做了贡献。你也许做不了更多,但这是你至少可以做的。你也许能做得更多,但这是你至少必须做的。

知识是工具,无所谓善恶。知识可以为善,也可以为恶。美德与知识的关系不大。美德的真正源泉是智慧,即一种开阔的人生觉悟。德行如果不是从智慧流出,而是单凭修养造就,便至少是盲目的,很可能还是功利的和伪善的。

(笔者按:在这里,区别了知识与智慧。用工具论观点否定了知识,指出"慧"是一种人生觉悟。剩下的事情就是证明"慧"既生才又生德。此外,在别处看到苏格拉底说:德性即知识。是翻译不同还是别有意义?不得而知。至少,周国平先生对知识与智慧的划分方法,给我们启示。)

在评价人时,才能与人品是最常用的两个标准。两者当然是可以分开的,但是在最深的层次上,它们是否相通的?譬如说,可不可以说,大才也是德,大德也是才,天才和圣徒是同一种神性的显现?又譬如说,无才之德是否必定伪善,因而亦即无德,无德之才是否必定浅薄,因而亦即非才?当然,这种说法已经蕴涵了对才与德的重新解释,我倾向于把两者看作慧的不同表现形式。

人品和才分不可截然分开。人品不仅有好坏优劣之分,而且有高低宽窄之分,后者与才分有关。才分大致规定了一个人为善为恶的风格和容量。有德无才者,其善多为小善,谓之平庸。无德无才者,其恶多为小恶,谓之猥琐。有才有德者,其善多为大善,谓之高尚。有才无德者,其恶多为大恶,谓之邪恶。

人品不但有好坏之别,也有宽窄深浅之别。好坏是质,宽窄深浅未必只是量。古人称卑劣者为"小人"、"斗筲之徒"是很有道理的,多少恶行都是出于浅薄的天性和狭小的器量。

(笔者按:言下之意是,道德败坏者才小德低,没有"慧",即"没有觉悟",又窄又浅,因此叫"道德败坏是一种蒙昧"。

(要注意理解"道德败坏",不是那种小小的合理的自私,而是危害他人的行为。比如贪污,他们一定是在物质占有、本能享乐的蒙昧之中。即"心为物奴",没有觉悟。随欲而走,难以回头。看看周围,这样的大官、老板不少,同学们持这种心态的怕也有。记录记录,写写体会,必有好处。)

论道德(2)

西哲认为,利己是人的本能,对之不应作道德的判断,只可因势利导。同时,人还有另一种本能,即同情。同情是以利己的本能为基础的,由之出发,推己及人,设身处地替别人想,就是同情了。

利己和同情两者都不可缺。没有利己,对自己的生命麻木,便如同石头,对别人的生命必冷漠。只知利己,不能推己及人,没有同情,便如同禽兽,对别人的生命必冷酷。

利己是生命的第一本能,同情是生命的第二本能,后者由前者派生。所谓同情,就是推己及人,知道别人也是一个有利己之本能的生命,因而不可损人。法治社会的秩序即建立在利己与同情的兼顾之上,其实质通俗地说就是保护利己、惩罚损人,亦即规则下的自由。在一个社会中,如果利己的行为都得到保护,损人的行为都受到惩罚,这样的社会就一定是一个既有活力又有秩序的社会。

同情,即人与人以生命相待,乃是道德的基础。没有同情,人就不是人,社会就不是人待的地方。人是怎么沦为兽的? 就是从同情心的麻木和死灭开始的,由此下去可以干一切坏事。

所以,善良是最基本的道德品质,是区分好人和坏人的最初的也是最后的界限。

人如果没有同情心，就远不如禽兽，比禽兽坏无数倍。猛兽的残暴仅限于本能，绝不会超出生存所需要的程度。人残酷起来却没有边，完全和生存无关，为了龌龊的利益，为了畸形的欲望，为了变态的心理，什么坏事都干得出来。只有在人类之中，才会产生千奇百怪的酷刑，产生法西斯和恐怖主义。

善待动物，至少不虐待动物，这不仅是对地球上其他生命的尊重，也是人类自身精神上道德上纯洁化的需要。可以断定，一个虐待动物的民族，一定也不会尊重人的生命。人的生命感一旦麻木，心肠一旦变冷酷，同类岂在话下。

一个对同类真正有同情心的人，把同情心延伸到动物身上，实在是最自然的事情。同样，那些肆意虐待和残害动物的家伙，我们可以断定他们对同类也一定是冷酷的。因此，是否善待动物，所涉及的就不只是动物的命运，其结果也会体现在人身上，对道德发生重大影响。在这个意义上，保护动物就是保护人道，救赎动物就是人类的精神自救。

善良的人有宽容之心，既容人之短，能原谅，又容人之长，不嫉妒。在我看来，容人之优秀是更难的，对于一个开放社会也是更重要的。

（笔者按：在我们的习惯思维中认为，有道德者都是利他的，甚至强调"毫不利己专门利人"。但是，周先生用同情心为中介，论证了有道德者先有利己，才能利他。对利己，不是否定，也不是推崇，而是充分地理解、尊重。作者其实是反对那种片面克己、不尊重自己的假利他态度,赞同"我为人人,人人为我,赠人玫瑰,手留余香",而不是过去那种牺牲自己的无我状态。

(道德体会来源于同情,同情滋生丰富的心理。没有同情心者心理枯竭,生命干瘪,容易疯狂,"就远不如禽兽",作者其实以此暗指那种"假利他"者、伪道德者对人类的危害。联系前文,作者把意识形态与道德区分,有重大的意义。意识形态代替道德表达,后患无穷。没有一个法西斯高喊口号说"我是不道德的",而总是高喊"我是最道德的",最神圣的,最伟大的,以此蛊惑人心。)

论道德(3)

西方人文传统中有一个重要观念,便是人的尊严,其经典表达就是康德所说的"人是目的"。按照这个观念,每个人都是一个有尊严的精神性存在,不可被当作手段使用。对于今天许多国人来说,这个观念何其陌生,往往只把自己用做了谋利的手段,互相之间也只把对方用做了谋利的手段。

(笔者按:我们应用"以人为本"的概念来分析"人是目的"的理念。)

一个自己有人格尊严的人,必定懂得尊重一切有尊严的人格。

同样,如果你侮辱了一个人,就等于侮辱了一切人,也侮辱了你自己。

高贵者的特点是极其尊重他人,正是在对他人的尊重中,他的自尊得到了最充分的体现。

世上有一种人,毫无尊严感,毫不讲道理,一旦遇上他们,我就不知道怎么办好了,因为我与人交往的唯一基础是尊严感,与人斗争的唯一武器是讲道理。我不得不相信,在生物谱系图上,我和他们之间隔着无限遥远的距离。

什么是诚信?就是在与人打交道时,仿佛如此说:我要把我的真实想法告诉你,并且一定会对它负责。这就是诚实和守信用。当你这样说时,你是非常自尊的,是把自己当作一个有尊严的人看待的。同时,又仿佛如此说:我要你把你的真实想法告诉我,并相信你一定会对它负责。这就是信任。当你这样说时,你是非常尊重对方的,是把他当作一个有尊严的人看待的。由此可见,诚信是以打交道的双方所共有的人的尊严之意识为基础的。

仗义和信任貌似相近,实则属于完全不同的道德谱系。信任是独立的个人之间的关系,一方面各人有自己的人格、价值观、生活方式、利益追求等,在这些方面彼此尊重,绝不要求一致,另一方面合作做事时都要遵守规则。仗义却相反,一方面抹杀个性和个人利益,样样求同,不能容忍差异,另一方面共事时不讲规则。

(笔者按:我们可以以此来理解社会上那一套江湖义气为什么不能成为治国之道。如果借助这种义气来解决眼前问题,等于留下了重大的隐患。因为江湖义气没有以所有人的尊严为本。)

如果我是一个从前的哲人,来到今天的世界,我会最怀念什么？一定是这六个字：善良，丰富，高贵。

道德有两种不同的含义。一是精神性的，旨在追求个人完善，此种追求若赋予神圣的名义，便进入宗教的领域。一是实用性的，旨在维护社会秩序，此种维护若辅以暴力的手段，便进入法律的领域。

（笔者按：这一点好像与前文道德不取决于意识形态有矛盾。但所指的是，道德可以进入宗教，而宗教不能"挟持"道德。一个人信仰哪个主义、哪种宗教是政治范围，不属于道德，即不管你信仰什么，都要有道德。）

实际上这是两种完全不同的东西，混淆必生恶果。试图靠建立某种社会秩序来强制实现个人完善，必导致专制主义。把社会秩序的取舍完全交付个人良心来决定，必导致无政府主义。

按照中国的传统，历来树立榜样基本上是从道德着眼。我更强调人性意义上所达到的高度，亦即整体的精神素质，因为在我看来，一个人的道德品质只是他的整体精神素质的表现，并且唯有作为此种表现才有价值。

人性意义上的伟大是世界性的，必能赢得一切民族的人的尊敬。耶稣说："先知在自己的家乡往往不受欢迎，而在家乡之外却受到尊敬。"套用他的话，我们可以说，只在自己的家乡受到推崇、而在家乡之外不受欢迎的榜样是不够格的榜样。

耶稣说："安息日是为人而设的，人不是为安息日而生的。"我们可以把耶稣的名言变换成普遍性的命题：规则是为人而设的，人不是为规则而生的。人世间的一切规则,都应该是以人为本的,都可以依据人的合理需要加以变通。有没有不许更改的规则呢?当然有的,例如自由、公正、法治、人权,因为它们体现了一切个人的根本利益和人类的基本价值理想。说到底,正是为了遵循这些最一般的规则,才有了不断修正与之不合的具体规则的必要,而这就是人类走向幸福的必由之路。

个人越是雷同,社会就越是缺少凝聚力。无个性的个体不能结合为整体。个人越是独特,个性的差异越是鲜明,由这样的个体组成的社会有机体就越是生气勃勃。

(笔者按:要紧扣人的环节,不断变化,形成动态平衡。人是目的,是从这个角度展开的,核心是人的尊严。国家的政策法令要依人制订,而我们自身也要从尊严角度培养自己,使自己具有诚信、信任、高贵、善良等优秀的道德品质。而且,个体有个性的社会才有凝聚力,这个命题把个人价值与社会价值统一起来,更令人思考。

(请以"以哪些人为本"为话题,谈谈看法。)

论道德(4)

在任何专制体制下,都必然盛行严酷的道德法庭,其职责便是以道德的名义把人性当作罪恶来审判。事实上,用这样的尺度衡量,每个人都是有罪的,至少都是潜在的罪人。可是,也许正因为如此,道德审判反而更能够激起疯狂的热情。

据我揣摩,人们的心理可能是这样的:一方面,自己想做而不敢做的事,竟然有人做了,于是嫉妒之情便化装成正义的愤怒猛烈喷发了,当然啦,决不能让那个得了便宜的人有好下场;另一方面,倘若自己也做了类似的事,那么,坚决向法庭认同,与罪人划清界限,就成了一种自我保护的本能反应,仿佛谴责的调门越高,自己就越是安全。

因此,凡道德法庭盛行之处,人与人之间必定充满残酷的斗争,人性必定扭曲,爱必定遭到扼杀。

常常有人举着爱国的尺子评判人,但这把尺子自身也需要受到评判。首先,爱国只是尺子之一,而且是一把较小的尺子。还有比它大的尺子,例如真理、文明、人道。其次,大的尺子管小的尺子,大道理管小道理,唯有从人类真理和世界文明的全局出发,知道本民族的长远和根本利益之所在,方可论爱国。因此,伟大的爱国者往往是本民族历史和现状的深刻批评者。那些手中只有爱国这一把尺子的人,所爱的基本上是某种狭隘的既得利益,这把尺子是专用来打一切可能威胁其私利的人的。

中国人的"比赛精神"集中在有形的名和利上了,而在无形的领域,对于个人内在的优秀、个人能力的生长和心灵的快乐,则非常缺乏"比赛精神"。这就是问题之所在。

功利的"比赛精神"表现在国际舞台上,就是一种浅薄的民族虚荣心,特别在乎表面或次要事情上的名次,诸如体育之类。这是一种低级的"比赛精神"。什么时候我们正视中国在教育、科学、医疗、环保、自然和文化遗产保护等方面的落后状况,在这些事情上耻于当最后几名,争取当前几名,我们就有高级的"比赛精神"了。

爱国要有平常心。过去我们在大国心态和弱国心态的双重支配下,自大又自卑,排外又媚外,出尽了洋相,也吃够了苦头。今天仍有相当多的青年,一面高喊过激的爱国口号,一面费尽力气要出国定居,这应该怪不当的引导。做人要自爱自尊,作为民族也如此,而自大和自卑都是自尊的反面。两极相通,狭隘民族主义是很容易变成民族虚无主义的。正是在日益全球化的今天,我们更应该、也更有条件用全球的、人类的眼光来看中国,更好地辨别中国文化的精华和糟粕,认识中国的过去、现在和未来,从而建设一个更伟大的中国。在我看来,这才是真正的爱国。

两种完全不同的爱国主义:诗意的,自然的,低调的,其实质是对土地和人民的感情;意识形态的,做作的,高调的,其实质是受权力操纵的表演。

判断爱国主义境界高低的标准:有没有普世价值作为其内涵和基础。

我心目中的"中国"概念:一个我们祖祖辈辈繁衍和生长的地方,一个生我养我的地方。无论走到哪里,我的身体里总是流着中国人的血。无论到什么时候,我的子子孙孙的身体里永远流着中国人的血。总之,是民族的概念,血缘的概念,制度会变,意识形态会变,这个东西不会变。

世界上特立独行的人为什么这么少？原因有二。一是懒惰，因为一个人要对自己负责，真正实现自己，成为一个独特的自己，是必须付出巨大的努力的，许多人怕吃苦，怕麻烦，就宁愿放松自己，做一个平庸的人。二是怯懦，因为在一个大家都平庸的环境里，少数人若仍要追求优秀和独特，就会遭到讥笑、嫉妒甚至迫害，于是为了自保而退缩，违心地随大流。

由此可见，是多数人的懒惰导致了少数人的怯懦。相反，如果人人都对自己负责，以优秀为荣，因而也就能够欣赏别人的优秀，这样的环境是最适合于特立独行的人生长的。

群体性的懒惰是阻碍个性发展的最大阻力。在社会中，每个人个性的自由发展意味着竞争，于是，为了自己能偷懒，就嫉恨他人的优秀，宁愿人人都保持在平庸的水平上。

怯懦是懒惰的副产品。首先有多数人的懒惰而不求个人的独特，这多数的力量形成了一条防止个人求优异的警戒线，然后才有了人言可畏的怯懦心灵。

（笔者按：这一段是承上一段肯定个性，在利己之后接下来谈"严酷的道德法庭"，指用极端利他的标准来要求别人。这种极端的思维导致的后果是"比赛精神"，比爱国，比面子，连体育运动也作为爱国而忽视其健身价值、艺术价值。这种心理因素是懒惰与怯懦：用随大流喊无私口号来获得自己的安全与舒适。因此，极端的道德高标带来的是假大空。

（爱国、爱民族其实是伦理范围，是血缘成分，在没有利益影响或者是少量利益影响面前,爱国、爱民族是自然选择。只有当自己重大的私利与国家民族有冲突时,才会有人选择不爱国、抛弃民族。这一点不是同学们现在的选择范畴。因此,现在同学们最好的爱国主义应当是从自己点点滴滴做起,把自己培养成为有用之才,具有独立思维的人,才是最好的爱国。

(以"个性与爱国"为话题谈谈看法。)

论道德(5)

当我在一个恶人身上发现一个美德,我就原谅了他的一千件恶行。

当我在一个善人身上发现一个伪善,我决不肯因为他的一千件善行而原谅他的这一个伪善。

一个行为有两个动机,一个光明,浮在表面;一个晦暗,沉在底里。当它们各居其位时,灵魂风平浪静。有谁想把它们翻一个个儿,灵魂就会涌起惊涛骇浪。

在幸福时,人也会有良心的斗争,但那良心是在脑子里,斗来斗去只是头痛。只有在苦难中,回首往事,良心发现,这时的良心才在心灵中,人才真正感到心痛。

当庸俗冒充崇高招摇过市时,崇高便羞于出门,它躲了起来。

猥琐假冒神圣,乃是最无耻的亵渎神圣。

除了平庸,一切都可以忍受。然而,我受不了的只是自己的平庸。至于别人的平庸,只要不冒充为高明,我是乐于原谅的。

蒙田说:"对别人的善良的信任,足以证明自己的善良。"的确,恶人是不相信有善良这回事的。在他看来,别人不作恶只是因为没有力量,而有力量仍然不作恶的人都是傻瓜。相反,善良的人往往容易相信别人的善良,并因此低估了恶人存在并且作恶的可能性。

当我享受时,我最受不了身边坐着一个苦行僧,因为他使我觉得我的享受有罪,使享受变成了受苦。

怨恨者的爱是有毒的,吞食这爱的人必呕吐。

有的人所谓诚实是出卖别人的信任。

无论何处,只要有一个完美无缺的正人君子出现,那里的人们就要遭罪了,因为他必定要用他的完美来折磨和审判你了。这班善人,也许你真的说不出他有什么明显的缺点,尽管除了他的道德以外,你也说不出他有什么像样的优点。

相反,一个真实的人,一种独特的个性,必有突出的优点和缺点袒露在人们面前,并不加道德的伪饰,而这也正是他的道德。

恶德也需要实践。初次做坏事会感到内心不安,做多了,便习惯成自然了,而且不觉其坏。

阴暗的角落里没有罪恶,只有疾病。罪恶也有它的骄傲。

医生把罪犯看作病人,道德家把病人看作罪犯。在医生眼里,人人都有病。在道德家眼里,人人都有罪。医生治国,罪犯猖獗。道德家治国,病人遭殃。

（笔者按：伪善的道德标准，只会给人心理压抑，包括宗教式的纯净境界，都是普通人承受不了的。如果我们的德育只是按最高标准的框框来套一个个具体的个性的人，那么，德育是在回避道德问题，结果是走向德育的反面，带来压抑的心态。

（我们每个人都在道德冲突中，心灵感受着内在矛盾：学校、教师提倡忠诚教育，父母却说，做人要学得"奸"、"滑"一些，选择哪一个？拜佛时说保佑我挣来金山银山、考上清华北大，而佛学理论上是要求人们普度众生热爱人类，你选择哪一个？"无商不奸"是一个大众概念，而从事工商业却是我们大部分同学的首选，于是我们都得选择奸猾底下求生存？从经商角度上讲，生意做得最成功的是江浙人，因此江浙人最"奸"，素质最低？世界上美国、英国、法国等国家生意做得最好，是他们的人最"奸"，是他们的素质太低了？

（作家周国平没有给我们答案，却用求真的态度给了我们思考。这比那些"圆满"的答案强多了。他把道德教育从意识形态中分离出来，是防止道德激进与道德滑坡的重要信号。

（从另一个角度上讲，道德教育本身就是让同学们学会道德思考，答案来了又去了，去了又来了。学会终生思考又永远没有标准答案的道德问题，这就是我们德育。

（没有学会思考，盲目赞成反对者，最容易成为不道德的人。

（把这些思考、答案记录下来，就是最好的作文。）

乔布斯与盖茨语录

　　下面是盖茨与乔布斯的语录，请你进行分析与仿造。例：卖汉堡包并不会有损于你的尊严。分析：人的尊严在于劳动，一个身体与精神都健康的人会用自己劳动的双手养活自己而不是乞讨，更不是骗取、抢夺。仿造：当一个人为了一己私利把谎话说得头头是道，你可以为他贴一张寻"尊严"启事。

乔布斯语录

　　你的时间有限，所以不要为别人而活。不要被教条所限，不要活在别人的观念里，不要让别人的意见左右自己内心的声音。最重要的是，勇敢地去追随自己的心灵和直觉，只有自己的心灵和直觉才知道你自己的真实想法，其他一切都是次要的。

　　领袖和跟风者的区别就在于创新。

　　成为卓越的代名词，很多人并不能适合需要杰出素质的环境。

　　并不是每个人都需要种植自己的粮食,也不是每个人都需要做自己穿的衣服,我们说着别人发明的语言,使用别人发明的数学……我们一直在使用别人的成果。使用人类的已有经验和知识来进行发明创造,是一件很了不起的事情。

　　拥有初学者的心态是件了不起的事情。

　　我愿意把我所有的科技去换取和苏格拉底相处的一个下午。

　　活着就是为了改变世界,难道还有其他原因吗?

　　如果你是一个木工,正在做一个实木抽屉,你也不能在背后用一块胶合板,即使这个部分对着墙,没有人会看到。但是你知道它在那儿,所以你还是要用一块好木头。为了在晚上睡得更香,为了美和质量的追求,这一切都要贯穿始终。

　　人们认为专注就是对你专注的事情说"是",但并非如此,而是意味着对其他上百个好点子说"不"。你需要精心挑选。

　　创新,来源于对 1000 种选择说"不",以确定我们没有走错路或做过头。我们总是思考能够进入哪些新的市场,但是只有说"不",你才能专注于某项真正重要的事。

　　简单可能比复杂难很多:你必须努力工作来简化思想,成全简单。但是最终你会发现一切都是值得的,一旦成功你将改变一切。

　　创新和你有多少创新基金没有关系。开发 Mac 的时候,IBM 比我们多投资上百倍的资本。这些和钱无关,而是关乎你有怎样的人才,你如何领导和理解。

　　工作将会占据你生活中大部分的时间,所以唯一能让人满足的方式是做你认为伟大的事情,而唯一做出伟大事情的方式是做你喜爱的事。如果你还没有找到它,请继续寻找,不要随遇而安。在你找到它的时候,你的心会告诉你答案。就像所有伟大的关系一样,你和你的工作会随着时间的流逝越来越好,所以一定要坚持寻找。

当我 17 岁的时候,我曾读到过这样的话:"如果你将每一天都当作生命中的最后一天来度过,你将会过得很好。"这句话给我的印象很深,在过去的 33 年里,我每天都对着镜子问自己:"如果今天是我生命中的最后一天,我还会做今天我所要做的事情吗?"如果答案大多都是"否",我就知道我该作出些改变了。

盖茨语录

卖汉堡包并不会有损于你的尊严。

生活是不公平的,你要去适应它。

这个世界并不会在意你的自尊,而是要求你在自我感觉良好之前先有所成就。

如果你认为学校里的老师过于严厉,那么等你有了老板再回头想一想。

如果你陷入困境,那不是你父母的过错。

你所在的学校也许已经不再分优等生和劣等生,但生活却并不如此。在某些学校已经没有了"不及格"的概念,学校会不断地给你机会,让你进步,然而现实生活完全不是这样。

走出学校后的生活不像在学校一样有学期之分,也没有暑假之说。没有几位老板乐于帮你发现自我,你必须依靠自己去完成。

善待你所厌恶的人,因为说不定哪一天你就会同这样的一个人一起工作。

如果你相信每个生命都是平等的,那么当你发现某些生命被挽救了,而另一些生命被放弃了,你会感到无法接受。

我能够理解人们都希望获得 100 万美元,因为这意味着自由的生活。但是,当你的财富超过 100 万美元时,我要告诉你,你的感觉是一样的。

需要帮助的是穷人和教育系统。

我们的目标不是成为设备中心,而是要成为用户中心。

让你最不耐烦的客户是你最大的学习来源。

当我是个孩童时我做了许多梦,如今很多梦都已成为现实。我曾有机会进行大量阅读,这给了我契机。

展望下一个新世纪,真正的领袖必将是那些给人以希望的人。

幸运之神会光顾世界上的每一个人,但如果她发现这个人并没有准备好要迎接她时,她就会从大门里走进来,然后从窗子里飞出去。

大家知道,很多人希望把他们积累的财富留给下一代,这样做当然合情合理,无可厚非。但对我个人而言,如果我能把自己有幸掌管的巨额财富回馈社会,用到重要的事业上,如科技、教育、医学研究、社会服务及其他领域,这更利于社会,也更利于我的孩子。

我希望自己不是全球首富,这没有任何好处。

除非你能够让人们看到或者感受到行动的影响力,否则你无法让人们激动。

图书在版编目（CIP）数据

阅读成长的摇篮／江富军著. —杭州：浙江大学
出版社，2015.4（2018.11重印）

ISBN 978-7-308-14452-0

Ⅰ.①阅… Ⅱ.①江… Ⅲ.①阅读课－中学－教学参
考资料 Ⅳ.①G634.333

中国版本图书馆 CIP 数据核字（2015）第 042073 号

阅读成长的摇篮

江富军　著

责任编辑	曲　静	
封面设计	周　灵	
出版发行	浙江大学出版社	
	（杭州市天目山路 148 号　邮政编码 310007）	
	（网址：http://www.zjupress.com）	
排　　版	杭州中大图文设计有限公司	
印　　刷	杭州杭新印务有限公司	
开　　本	880mm×1230mm　1/32	
印　　张	8.25	
字　　数	163 千	
版 印 次	2015 年 4 月第 1 版　2018 年 11 月第 4 次印刷	
书　　号	ISBN 978-7-308-14452-0	
定　　价	30.00 元	